BITCOIN

&

EXPONENTIELLE FREIHEIT

BITCOIN

— & —

EXPONENTIELLE FREIHEIT

₿

JAKE LEARY

Bitcoin & Exponentielle Freiheit by Jake Leary – 2022

Der Autor dieses Buches erteilt seine Erlaubnis, dieses Buch, und nur dieses Buch, in Teilen oder als unverändertes Ganzes für nichtkommerzielle Zwecke zu verbreiten oder weiterzugeben.

Copyright © [2022] [Jake Leary]

Dieses Buch dient ausschließlich Informations- und Bildungszwecken und stellt keine Finanz- oder Anlageberatung dar. Der Autor ist kein zugelassener Finanzberater. Leser sollten eigene Recherchen durchführen, bevor sie finanzielle Entscheidungen treffen.

Für meine Mutter, Barbara. Danke für alles.

Inhalt

Vorwort

Einführung

1. Was ist Geld?
2. Warum ist Gold Geld?
3. Monetäre Rückentwicklung?
4. Warum ist Bitcoin überlegenes Geld?
5. Digitaler Ball der Energie
6. Bitcoin repariert dies
7. Energienutzung
8. Bewertung von Bitcoin
9. Der große Filter

10. Wie würde die Welt aussehen, wenn wir das Geld repariert hätten?..

„Der Computer kann als Instrument zur Befreiung und zum Schutz der Menschen eingesetzt werden, anstatt sie zu kontrollieren."

Hal Finney

₿

Einführung

Ich wollte dieses Buch nicht schreiben. Ich hatte jedoch das Gefühl, dass es eine moralische Verpflichtung war, meinen Teil dazu beizutragen, die Menschen über die Grundsätze eines gesunden Geldes und darüber, wie Geld Gesellschaften formt, aufzuklären. Ich wollte den Menschen helfen, darüber nachzudenken, warum ein ineffizientes Geld Gesellschaften zerstören kann und warum umgekehrt ein hartes, energiedichtes Geld Gesellschaften zu Wachstum und Wohlstand verhelfen kann.

Ich werde untersuchen, warum die Verwendung eines digitalen, dezentralisierten Peer-to-Peer-Geldes mit einer festen, unveränderlichen und vorprogrammierten Menge eine wesentliche Voraussetzung für die Entwicklung und Aufrechterhaltung freier und offener Gesellschaften ist.

Wenn Sie sich die Welt von heute ansehen und sie mit der Welt von vor einem oder zwei Jahrzehnten vergleichen, dann dürfte klar sein, dass sich die Technologie exponentiell weiterentwickelt. Das ist eine gute Sache. Der technologische Fortschritt bietet uns mehr für weniger Geld.

Das Problem ist folgendes: Wenn unser derzeitiges Geldsystem künstlich aufgebläht werden muss, um ein künstliches nominales Wachstum zu erzeugen, damit der Kredit nicht schrumpft und schließlich zusammenbricht, wie kann dieses System dann mit einer Welt im Einklang sein, die technologisch exponentiell voranschreitet?

Der technologische Fortschritt wird nicht aufhören. Er wird auch nicht linear wachsen. Er wird exponentiell wachsen, und er wächst bereits.

Das bedeutet, dass auch die monetäre Manipulation exponentiell zunehmen muss, um mit der Technologie Schritt zu halten und ein positives nominales „Wachstum" zu schaffen.

Wenn wir in einer freien und offenen Gesellschaft leben wollen, ohne dass die Macht in den Händen einiger weniger zentralisiert wird, müssen wir tiefgreifende und kritische Überlegungen zu den Auswirkungen anstellen.

Ein wenig Inflation soll gut sein. *Wir haben ein Ziel von 2 %. Die Inflation ist notwendig, um die Gesamtnachfrage anzukurbeln.* Und warum? Fragen Sie sich, warum? Warum ist es notwendig, dass Ihre Währung an Kaufkraft verliert, damit die Gesellschaft funktioniert? Wäre nicht das Gegenteil der Fall?

Auf den folgenden Seiten werde ich mich nicht mit den Bitcoin-Schlagwörtern wie „Blockchain", „Krypto" oder „De-Fi" befassen. Stattdessen werde ich mich auf die ersten Prinzipien konzentrieren. Ich werde in Kapitel 1 erörtern, *Was ist Geld?* Dann, in Kapitel 2, *Warum ist Gold Geld?* In Kapitel 3 *Monetäre Rückentwicklung* werde ich erörtern, was Fiat-Geld ist und wie das auf Fiat-Kredit basierende System funktioniert. In Kapitel 4, *Warum ist Bitcoin überlegenes Geld?* werde ich dieses Geldsystem mit Bitcoin vergleichen und erörtern, warum Bitcoin moralisch und technisch allen früheren und aktuellen Geldsorten überlegen ist.

Abschließend werde ich einige tiefer gehende Überlegungen zu den möglichen Folgen anstellen, wenn sich die Welt für ein digitales, dezentralisiertes, Peer-to-Peer-Geldsystem mit einer festen, unveränderlichen und vorprogrammierten Menge entscheidet.

Bitcoin gibt Hoffnung in einer Welt, die sich ansonsten auf einem einseitigen Weg in Richtung eines totalitären Albtraums im Stil von *1984* befindet.

Wir haben die Möglichkeit, einen bemerkenswerten Wandel herbeizuführen: Wir werden nicht mehr dafür belohnt, dass wir das System ausnutzen und austricksen, sondern dafür, dass wir einen echten Wert für die Gesellschaft schaffen.

Mit dem exponentiellen Wachstum der Technologie wachsen auch unsere Freiheiten. Vorausgesetzt, wir entscheiden uns dafür, unsere wirtschaftliche Energie in einem digitalen, quelloffenen, dezentralen, Peer-to-Peer-Geldsystem mit einer festen, unveränderlichen und vorprogrammierten Menge zu speichern.

Die Zukunft ist orange.

Einführung

BITCOIN

— & —

EXPONENTIELLE FREIHEIT

KAPITEL 1

Was ist Geld?

Bevor wir uns mit Bitcoin beschäftigen, ist es wichtig zu verstehen, was *genau* Geld ist.

Geld ist die Grundlage der menschlichen Zivilisation, es ist die Art und Weise, wie wir Werte vermitteln. Daher ist ein besseres Verständnis dessen, was es ist, ein wesentlicher Ausgangspunkt.

Geld ist einfach ein Werkzeug. Es dient als gemeinsames „Tauschmittel". Auf diese Weise löst es das Problem der „doppelten Koinzidenz der Bedürfnisse".

Ohne Geld wären die Menschen gezwungen, Waren durch Tausch zu erwerben. Wenn ich zum Beispiel Äpfel produziere und Bananen haben möchte, muss ich zu der Person gehen, die Bananen verkauft, und versuchen, meine Äpfel gegen ihre Bananen einzutauschen. Wenn die Person, die die Bananen verkauft, meine Äpfel nicht will, muss ich herausfinden, was sie will, und versuchen, meine Äpfel gegen dieses Produkt einzutauschen, und dann dieses Produkt gegen Bananen tauschen. Dabei muss ich hoffen, dass der Verkäufer der Bananen bereit ist, sein Produkt gegen meine Äpfel zu tauschen. Wenn nicht, müsste ich herausfinden, was sie wollen, und so weiter.

Wenn der Bananenverkäufer eine Kuh wollte, müsste ich wahrscheinlich eine sehr große Menge meiner Äpfel eintauschen, um eine Kuh zu bekommen (unter der Annahme, dass der

Kuhverkäufer seine Kuh nicht unter Wert verkaufen wollte und daher eine große Menge Äpfel akzeptieren würde), dann müsste ich diese Kuh gegen eine sehr große Menge Bananen eintauschen (unter der Annahme, dass ich für die Bananen nicht zu viel bezahlen möchte).

Sie werden schnell sehen, wie mühsam dieser Prozess werden kann.

Lassen Sie uns nun Geld in dieses Beispiel einführen. Ich verkaufe meine Äpfel auf dem Markt gegen Geld. Ich nehme dann dieses Geld und tausche einen Teil davon gegen ein paar Bananen, die ich haben möchte. Der Bananenhändler kann dann sein Geld nehmen und damit die Kuh kaufen, die er sich wünscht. In diesem Beispiel hat das Geld als Tauschmittel und als gemeinsame Rechnungseinheit gedient und damit den Handel beschleunigt und erleichtert.

Die restlichen Geldbeträge, die übrig bleiben, können behalten werden. Wir bezeichnen dies als Sparen. Damit Geld als Sparinstrument nützlich ist, muss es ein guter Speicher für Vermögen sein. Geld, das die von einer Person aufgewendete Zeit

Was ist Geld?

und Energie gut speichert, bietet dem Inhaber Wahlmöglichkeiten und einen Puffer gegen künftige Ungewissheit.

Geld als „Recheneinheit" wird zum Maßstab für die Bewertung von Waren und Dienstleistungen in der Gesellschaft. Dies liefert wichtige Preissignale für den Markt. Preissignale werden von Unternehmern benötigt, um festzustellen, ob die Menschen die Waren oder Dienstleistungen, die sie auf den Markt bringen, schätzen oder nicht. Davon hängt dann ab, ob sie einen Gewinn erzielen können und ob sie ihre Bemühungen fortsetzen sollten oder nicht.

Wenn die Preissignale verzerrt sind, wie es heute oft der Fall ist, wird das Kapital falsch zugeteilt und letztlich verschwendet oder vernichtet.

Individuelle Bewertungen sind subjektiv, daher gibt es technisch gesehen keine „richtige" oder „falsche" Form von Geld. Es gibt nur „bessere" und „schlechtere" Formen von Geld. Sie können beschließen, Bananen als Geld zu verwenden, wenn Sie wollen, aber Ihr wirtschaftlicher Wohlstand wird sich schnell verschlechtern. Die

Realität veranlasst die Menschen dazu, die beste verfügbare Geldform zu verwenden (vorausgesetzt natürlich, eine legalisierte Mafia zwingt die Menschen nicht dazu, minderwertige Geldformen zu verwenden).

Zusammenfassend lässt sich sagen, dass Geld ein Tauschmittel, ein Aufbewahrungsort für aufgewendete Zeit und Energie sowie eine Rechnungseinheit ist.

Wenn jemand eine neue Form des Geldes erfinden würde, wäre es wahrscheinlich sinnvoll, dass es digital, quelloffen, dezentralisiert, Peer-to-Peer und mit einer festen, unveränderlichen und vorprogrammierten Menge ausgestattet ist.

Was ist Geld?

₿

KAPITEL 2

Warum ist Gold Geld?

Einige Leute interessieren sich für Bitcoin, weil sie an der Technologie und der Kryptographie interessiert sind. Beides sind sehr wichtige Aspekte des Bitcoin-Protokolls. Die Menschen, die ein tieferes Verständnis von

Bitcoin[1] haben, verstehen jedoch meist auch, warum Gold vom freien Markt als Geld gewählt wurde.

Im Laufe der Geschichte wurden alle Arten von Dingen als Geld verwendet. Von Glasperlen über Muscheln und Salz bis hin zu Vieh.

Schließlich einigte sich die Welt jedoch auf die beiden Edelmetalle Gold und Silber als Geld. Im späten 19. Jahrhundert verdrängte das Gold das Silber als globales Geld, und die ganze Welt ging zum „Goldstandard" über.

Wir haben bereits darüber gesprochen, dass Geld als Tauschmittel, als Rechnungseinheit und als Wertaufbewahrungsmittel verwendet wird. Daher haben bestimmte Dinge natürlich bessere monetäre Eigenschaften als andere. Ich werde im Folgenden kurz beschreiben, was meiner Meinung nach die wichtigsten Eigenschaften sind.

---

[1] Nick Szabos „Shelling out - the origins of money" zeigt das tiefe Verständnis von Geld und der Geschichte des Geldes hinter der Cypherpunk-Bewegung und Bitcoin.

Warum ist Gold Geld?

Fungibilität und Wiedererkennbarkeit

Ein gutes Geld ist fungibel und wiedererkennbar. Fungibilität ist die Fähigkeit einer Ware, leicht austauschbar zu sein. Ein fungibles Geld mit einem bestimmten Nennwert ist im Wert nicht von einem anderen entsprechenden Stück zu unterscheiden.

Ein Goldstück mit einem bestimmten Gewicht ist im Allgemeinen gleich viel wert wie ein anderes Goldstück mit demselben Gewicht. Zwei Häuser hingegen sind niemals gleichwertig, und daher sind Häuser nicht fungibel.

Ein erkennbares Geld kann leichter mit einem Verkäufer getauscht werden, da es leicht zu identifizieren und zu überprüfen ist. Dies erhöht seine Nützlichkeit sowohl als Tauschmittel als auch als Rechnungseinheit, wodurch die Preisbildung für Waren und Dienstleistungen auf der Grundlage dieses „Nenners" erleichtert wird.

Einer der Nachteile von Gold in diesem Bereich ist, dass es gefälscht werden kann, so dass bei größeren Beträgen eine genauere Prüfung erforderlich ist, was in der Regel zusätzliche Kosten verursacht.

Haltbarkeit

Ein gutes Geld muss haltbar sein. Die Haltbarkeit gewährleistet, dass der Inhaber eines haltbaren Geldes sein Geld an einem sicheren Ort aufbewahren kann und sich darauf verlassen kann, dass es noch intakt ist, wenn es in der Zukunft gebraucht wird.

Bei einem verderblichen Gut wird der Vorrat ständig verringert. Aufgrund der chemischen Eigenschaften von Gold ist es praktisch unzerstörbar und daher praktisch ewig haltbar. Eine Orange hingegen verdirbt recht schnell, weshalb sie als Geld nicht sehr nützlich ist. Dies gilt auch für jedes andere verderbliche Gut.

Teilbarkeit

Ein gutes Geld sollte teilbar sein. Der Inhaber eines teilbaren Geldes hat Zugang zu mehr Waren und Dienstleistungen, als ihm sonst zur Verfügung stehen würden. Mit einer kleinen Menge Silber kann man zum Beispiel einige Bananen kaufen.

Warum ist Gold Geld?

Aber Rinder, die als Geld verwendet werden, können nicht so einfach aufgeteilt werden, um sie gegen kleinere Gegenstände einzutauschen. Eine Kuh könnte natürlich in kleinere Fleischstücke aufgeteilt werden, aber das Fleisch würde dann den Haltbarkeitstest nicht bestehen, da es schließlich verrotten würde.

Die Teilbarkeit war einer der Nachteile von Gold als Geld, was vor allem darauf zurückzuführen war, dass Gold seine wirtschaftliche Energie so gut bewahrte. Selbst mit sehr kleinen Goldbeträgen konnten und können große Mengen an Waren erworben werden. Dies hat in der Vergangenheit dazu geführt, dass Gold durch andere Metalle wie Silber und Kupfer für kleinere Beträge ergänzt wurde.

Knappheit

Ein gutes Geld sollte knapp sein. Eine Geldknappheit führt in der Regel zu einem Überfluss an Waren und Dienstleistungen. Ein

Warum ist Gold Geld?

Überfluss an Geld führt hingegen eher zu einem Mangel an Waren und Dienstleistungen.[2]

Wenn ein Geld nicht knapp ist, werden die Menschen ihr eigenes Interesse verfolgen und versuchen, mehr davon zu erschaffen.

Je knapper ein Geld ist, desto mehr wirtschaftlichen Wert/Energie speichert es. Je besser das Geld seine wirtschaftliche Energie speichern kann, desto sicherer kann sich der Besitzer dieses Geldes über die Zukunft sein. Je sicherer jemand über seine wirtschaftliche Zukunft sein kann, desto geringer ist die Zeitpräferenz dieser Person.

Eine Person mit einer geringeren Zeitpräferenz wird die Zukunft weniger ausblenden als sie es früher getan hätte, und sie wird anfangen, sich mehr mit der Zukunft zu beschäftigen und sich darauf vorzubereiten. Wenn die Gesellschaft als

---

[2] Schauen Sie sich heute um und fragen Sie sich, warum es bei all den fortschrittlichen Technologien, die wir heute haben, zu Engpässen bei den Rohstoffen und Gütern kommt, die durch diese Technologien im Überfluss vorhanden sein sollen.

Warum ist Gold Geld?

Ganzes dies tut, macht die Zivilisation Fortschritte.

Gold ist ein sehr seltenes Metall und macht nur 0,000004 % der Erdkruste aus. Eisen zum Beispiel macht 5,6 % aus. Daher ist Gold auf dem Planeten Erde knapp genug, um als Geld nützlich zu sein.

Härte

Ein gutes Geld ist resistent gegen schwankende und unvorhergesehene Erhöhungen seiner Gesamtmenge.

Eine wichtige und oft übersehene Ergänzung zur Knappheit ist die Menge und Beständigkeit des neu hinzukommenden Angebots im Vergleich zum vorhandenen Bestand des bereits im Umlauf befindlichen Geldes.

Wenn es beispielsweise von einer bestimmten Art begehrenswerter Baseball-Karten zehn Stück gibt, dann gelten diese Karten im Moment als ziemlich knapp. Wenn jedoch jeden Monat etwa 100 neue Karten dieser Art ausgegeben werden, dann würde der Wert der vorhandenen Karten ziemlich schnell sinken. Wenn diese Rate jedoch konstant bliebe, würde der Bestand schließlich so groß werden (vorausgesetzt, die vorhandenen Karten werden nicht vernichtet), dass der neue Kartenfluss im Vergleich zum vorhandenen Kartenbestand relativ gering wäre. Der wirtschaftliche Wert der Karten würde sich nach unten anpassen, um dem größeren Gesamtbestand Rechnung zu tragen, und sich um diesen niedrigeren Preis herum zu stabilisieren beginnen.

Das Hauptproblem bei dem obigen Beispiel ist die Frage, wer der Schiedsrichter bei der Erstellung von Baseballkarten ist. Die Geschichte hat bewiesen, dass Menschen, wenn sie in diese Lage gebracht werden, schließlich der Versuchung erliegen und mehr von dem erschaffen, was als Geld verwendet wird. Die Fabel von Adam und Eva und der überzeugenden Fehlbarkeit des Menschen steht nicht ohne Grund im Buch Genesis.

Ceteris paribus (Anm. unter sonst gleichen Bedingungen) gilt: Je höher der Bestand eines Gutes im Vergleich zu seinem Fluss ist, desto stabiler ist sein Preis im

Warum ist Gold Geld?

Vergleich zu anderen Gütern und desto besser eignet es sich als Geld.

Da Gold nicht vergänglich ist und nur selten für industrielle Zwecke verwendet wird, sind die bestehenden Goldvorräte, die sich im Laufe der letzten Jahrtausende angesammelt haben, im Vergleich zu den neu hinzukommenden Vorräten relativ groß. Hinzu kommt, dass die Goldreserven in der Erdkruste immer schwieriger zu fördern sind.

Aufgrund dieser Faktoren hat Gold von allen Edelmetallen das höchste Verhältnis zwischen Bestand und Zufluss. Das neue Angebot an Gold, das aus dem Boden gewonnen wird, beträgt etwa 2 % pro Jahr und weicht nur selten wesentlich von diesem Wert ab.

Das bedeutet, dass, wenn Sie Gold als Geld halten, Ihre gespeicherte Zeit und Energie mit einer Rate von etwa 2 % pro Jahr entweicht. Das ist in Ordnung, aber idealerweise würden Sie sich keinen Verlust wünschen.

Warum ist Gold Geld?

Tragbarkeit

Ein gutes Geld ist leicht zu tragen oder über Entfernungen zu transportieren.

Der in einer Goldmünze enthaltene Wert ist viel leichter zu transportieren als der entsprechende Wert in einem Sack Salz oder in Rindern oder Muscheln. Trotzdem ist es schwierig, große Mengen von in Gold gespeicherten Werten über große Entfernungen zu transportieren. Die Fähigkeit, wirtschaftliche Energie im Wert von einer Milliarde Dollar in Gold von Europa nach Nordamerika zu transportieren, ist sowohl umständlich als auch teuer.

Diese Transport- und Überprüfungskosten kommen zu den bereits vorhandenen 2 % der wirtschaftlichen Verluste hinzu.

Resistenz gegen Zensur und Beschlagnahmung

In einer idealen Welt bräuchte dies nicht als nützliche Eigenschaft des Geldes erwähnt zu werden.

Warum ist Gold Geld?

Wir leben jedoch nicht in einer idealen Welt, sondern in der *realen* Welt. Dank eines Jahrhunderts, in dem bürokratische Parasiten nahezu unbegrenzten Zugang zu Finanzmitteln aus dem Fiat-Geldsystem hatten, ist die Rechtsstaatlichkeit formbar geworden, und die privaten Eigentumsrechte werden ausgehöhlt. Das bedeutet, dass Geld zensiert oder beschlagnahmt werden kann.

Daher wäre ein gutes Geld zensur- und beschlagnahmungsresistent.

In der Vergangenheit konnten Rohstoffwährungen wie Gold privat gehalten werden und waren somit nicht auf Dritte angewiesen. Im Zeitalter des staatlich verordneten Geldes kann jedoch jedem Nutzer der Zugang zum bestehenden Geldsystem verwehrt werden.

Ich werde ein *hypothetisches* Beispiel zur Veranschaulichung verwenden. Nehmen wir an, Sie lebten unter einem totalitären Regime, das sich als Demokratie tarnt. In diesem *hypothetischen* Regime hätte der verantwortliche Diktator per Dekret verfügt, dass alle Arbeiter an einem medizinischen Experiment teilnehmen müssten, da sie sonst nicht arbeiten dürften und somit ihre Familie nicht ernähren könnten.

Wenn Sie von dieser Ungerechtigkeit wüssten und Mitleid mit diesem Arbeiter hätten, der zum Beispiel Lastwagenfahrer war, dann würden Sie ihm vielleicht etwas Geld schicken, damit er seine Familie weiter ernähren kann, während die medizinische Apartheid fortbesteht.

Das Problem ist, dass der Diktator in einem zentralisierten Geldsystem in der Lage wäre, Ihre Gelder einfach zu stehlen und Sie aus dem Finanzsystem auszusperren. In dieser *hypothetischen* Situation hat der Diktator beschlossen, genau das zu tun.

Weiterhin können und werden Bankkonten eingefroren, wenn Ihre derzeitige Regierung beschließt, dass sie mit Ihnen nicht einverstanden ist, aus welchem Grund auch immer. Aufgrund dessen wird der Widerstand des Geldes gegen Zensur und Beschlagnahmung immer wichtiger.

Warum ist Gold Geld?

Es gibt noch viele andere Eigenschaften von Geld. Dies sind jedoch die wichtigsten Faktoren, die Marktteilnehmer und Gesellschaften dazu veranlasst haben, bestimmte Güter als Geld auszuwählen.

Geld kann als das am besten *verkäufliche* Gut bezeichnet werden.[3]

Gold schneidet bei Haltbarkeit und Knappheit unglaublich gut ab. Es schneidet bei der Fungibilität, Teilbarkeit und Übertragbarkeit recht gut ab. Es kann physisch gehalten und unter Gleichgestellten ausgetauscht werden, weshalb es schwer zu zensieren ist. Es lässt sich auch relativ leicht verstecken und ist daher schwerer zu beschlagnahmen als die meisten anderen Güter

---

[3] „Die Verkäuflichkeit ist der Grad der Leichtigkeit, mit der ein Individuum seine Güter zu einem guten wirtschaftlichen Preis und ohne Verzögerung veräußern kann, Geld muss seinen Zweck kurzfristig erfüllen, d. h. es muss liquide sein. " - Carl Menger.

Warum ist Gold Geld?

(obwohl es nicht unmöglich ist, siehe Executive Order 6102 für Details[4]).

Am wichtigsten ist, dass Gold von allen seinen monetären Konkurrenten das höchste und zuverlässigste Verhältnis zwischen Bestand und Zufluss aufweist. Dies führt zu einer größeren Stabilität des Marktwertes von Gold im Vergleich zu anderen Marktgütern.

Unter Berücksichtigung all dieser Faktoren und nachdem der freie Markt über Tausende von Jahren hinweg viele Experimente durchgeführt hat, hat sich Gold als Geld des freien Marktes durchgesetzt.

Andere Länder, Gesellschaften und Personen, die weiterhin minderwertige Geldformen wie Silber anstelle von Gold verwendeten, verloren schnell

---

[4] Executive Order 6102 ist eine am 5. April 1933 von US-Präsident Franklin D. Roosevelt unterzeichnete Verfügung, die das Halten von Goldmünzen, Goldbarren und Goldzertifikaten auf dem amerikanischen Festland verbietet.

Warum ist Gold Geld?

ihre wirtschaftliche Energie an die Gesellschaften, die stattdessen Gold als Geld verwendeten.

Warum ist Gold Geld?

KAPITEL 3

Monetäre Rückentwicklung?

Zu Beginn des 20. Jahrhunderts, ab 1914, wurde die ganze Welt gezwungen, von einer überlegenen Form des Geldes zu einer minderwertigen Form des Geldes überzugehen. Dieses Geld ist heute als Fiat-

Währung bekannt, ein Geld, das auf Regierungsbeschluss ausgegeben wird.

Da Geld die Basisschicht der Zivilisation ist, muss man kein Genie sein (oder sollte es zumindest nicht sein), um zu erkennen, dass eine Auflösung des Geldes zum Verfall und zur Auflösung vieler anderer Aspekte der Wirtschaft und Gesellschaft führen wird.

Warum würden *wir* sowas tun?

Goldgedeckte Papierzertifikate entstanden als Lösung für das Problem des kostspieligen Transports von Gold über große Entfernungen. Die Verwendung von Banknoten und Münzen anstelle von Goldmünzen und Goldbarren trug auch dazu bei, dass Gold „leichter" teilbar wurde.

Auf den ersten Blick scheint dies ein Fortschritt zu sein, denn der menschliche Einfallsreichtum hat ein echtes Problem gelöst. Es gab jedoch unbeabsichtigte Folgen.

Da die Menschen ihr Gold den Banken anvertrauten und dies für sicherer hielten, als es

Monetäre Rückentwicklung?

selbst zu verwahren, begann der Großteil des Goldes in den Tresoren der Banken zu landen.

Anstatt physisches Gold zu verwenden, handelten die Menschen in der Regel mit Papierzertifikaten in dem Glauben, dass das Gold jederzeit eingelöst werden könne.

Als Gold zentralisiert wurde, war es für die Banken viel einfacher, Papierversprechen auszugeben, die über die physische Deckung durch Gold hinausgingen, das sie in ihren Tresoren zur Einlösung hatten. Das funktioniert gut, bis es nicht mehr funktioniert.

Dieses Phänomen, das als Mindestreserve-System (Fractional Reserve Banking) bekannt ist, ermöglichte eine Ausweitung der Geldmenge und der Kredite. Die Kreditausweitung führt zu einer vorübergehenden Preisinflation, sozusagen zu einem Zuckerrausch für die Wirtschaft, bis der Kredit schließlich zurückgeführt wird und eine ungefähr gleich große „Kreditdeflation" eintritt. Die Kreditdeflation ist natürlich nicht mit einer gesunden technologischen Deflation zu verwechseln.

Monetäre Rückentwicklung?

Der technologische Fortschritt schafft ein Überangebot an Waren und Dienstleistungen, indem er die Grenzkosten der Produktion senkt, so dass die Preise dadurch natürlich sinken.

Denken Sie nur an die Kosten der Smartphones in den letzten Jahrzehnten in Verbindung mit der Zunahme des Nutzens dieser Smartphones. Taschenrechner, Taschenlampen, Kalender, Wettervorhersagen und andere Dinge sind praktisch kostenlos im Lieferumfang des Telefons enthalten, weil die Technologie so weit fortgeschritten ist, dass die Grenzkosten der Produktion nahe bei Null liegen. Kreditdeflation hingegen ist das, was passiert, wenn Kredite auf unnatürliche Weise auslaufen.

Das Problem ist, dass die Lösung der Regierungen und der staatlich finanzierten Fiat-Ökonomen für die Kreditdeflation eine weitere Kreditexpansion ist.

Ab 1914 wurde die Kreditexpansion so stark von der Goldbasis abgekoppelt, dass die Welt ab 1929 in eine Rezession geriet, die sich bald zu einer politisch bedingten Depression ausweiten sollte.

Monetäre Rückentwicklung?

Während dieser Zeit versuchten die Preise, sich wieder an ein Niveau anzupassen, das mit der Geldbasis im Einklang stand, aber die globalen Zentralplaner weigerten sich, eine Senkung der Lohnsätze zuzulassen und machten so eine natürliche Marktanpassung unmöglich.[5]

Diese Politik „für die Arbeitnehmer" führte zu einer Rekordarbeitslosigkeit. Die zentralen Planer beschlossen auch, Preiskontrollen für verschiedene Waren einzuführen, was ebenfalls katastrophale Auswirkungen hatte.

Die richtige Entscheidung wäre gewesen, die Löhne und die Preise für Investitionsgüter auf ein Niveau ansteigen zu lassen, welches es den Unternehmen ermöglicht hätte, wieder rentabel zu werden.

Aus der Sicht der Fiat-Ökonomen bestand das Problem jedoch darin, dass es einfach nicht genug Inflation gab. Das Vernünftigste wäre in ihren Augen, wenn die Welt das Gold als Geld aufgeben

---

[5] Eine exzellente und präzise Darstellung der Ursachen der großen Depression findet sich in „*America's Great Depression*" von *Murray Rothbard*.

Monetäre Rückentwicklung?

würde, was die Banken davon abhalten würde, mehr Geld und Kredite zu schaffen. Und genau das haben sie getan.

Gegen Ende des Zweiten Weltkriegs traf sich eine Gruppe parasitärer Bürokraten in Bretton Woods, New Hampshire, um zu entscheiden, was die anderen etwa zwei Milliarden Menschen auf dem Planeten als Geld verwenden würden.

Da die Vereinigten Staaten über den größten Teil des weltweiten Goldes verfügten, beschlossen sie schließlich, den US-Dollar mit Gold zu unterlegen und andere wichtige Währungen mit dem Dollar zu unterlegen. Allerdings durften die Bürger kein Gold einlösen, sondern nur die Regierungen.

Regeln für dich, nicht für mich!

Ohne die Möglichkeit für die Bürger, das Bankensystem ehrlich zu halten, indem sie Gold für sich selbst einlösen können, war das Bretton-Woods-System in Wirklichkeit ein falscher Goldstandard, ein geschickt getarntes Fiat-Geldsystem.

Monetäre Rückentwicklung?

In den nächsten Jahrzehnten begannen die Vereinigten Staaten, die nun im Besitz der Weltreservewährung waren, Papierverbindlichkeiten zu schaffen, die weit über die Goldreserven hinausgingen, die sie in ihren Tresoren hielten.

Die Regierung der Vereinigten Staaten begann, alle möglichen unnötigen und unpopulären Aktivitäten zu finanzieren. Vor allem den Vietnamkrieg.

Mehrere Länder, insbesondere Frankreich, begannen, sich Sorgen über die Legitimität ihrer Papieransprüche auf ihr Gold zu machen, das von den Vereinigten Staaten „gehalten" wurde. Diese Länder begannen, die Rückzahlung zu fordern.

1971 kamen die Vereinigten Staaten offiziell ihrer Verpflichtung zur Einlösung von Dollars in Gold nicht nach, und im Rahmen des berüchtigten „Nixon-Schocks" beschloss die Regierung der Vereinigten Staaten, *„die Konvertibilität des Dollars in Gold vorübergehend auszusetzen"*.

Monetäre Rückentwicklung?

Der falsche Goldstandard wurde offiziell aufgegeben. Seit 1971 haben wir „vorübergehend" einen globalen Fiat-Standard.

Diese jahrhundertelange Episode ist vergleichbar mit einem Kater nach der Einnahme einer kleinen Dosis Heroin. Richtig wäre es, zu erkennen, dass Heroin nicht gut für einen ist und dass der Kater die Art und Weise ist, wie der Körper einem dies mitteilt. Würden Sie jedoch mehr Heroin spritzen und wieder high werden, würde der Kater verschwinden. Na toll! Allerdings wäre der nächste Kater dann noch schlimmer und man bräuchte eine etwas höhere Dosis, um wieder high zu werden.

Kein Politiker wird jemals gewählt, wenn er seinem Volk einen schweren und schmerzhaften, aber längst überfälligen Kater verspricht. Also wird das monetäre Heroin verabreicht, und der Zyklus von Boom und Bust geht weiter, bis man schließlich eine Überdosis nimmt und stirbt. Zum Zeitpunkt des Verfassens dieses Artikels ist die gesamte Weltwirtschaft kurz davor, eine Überdosis an Kreditexpansion zu nehmen.

Monetäre Rückentwicklung?

Wenn Banken Kredite ausweiten, muss jede nachfolgende Ausweitung größer sein als die letzte. Das liegt daran, dass die Kreditvergabe zunächst von einer Basis aus erfolgt, wie bei einem auf den Kopf gestellten Schneeballsystem.

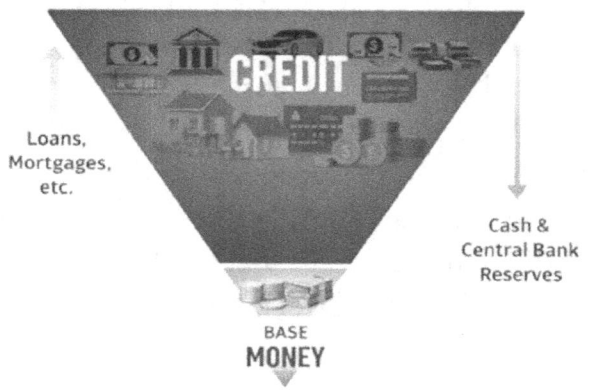

Das Fiat-Währungssystem visualisiert.

Die Basis besteht - stark vereinfacht - in der Regel aus Bankreserven (Großkundengeld, das in der Regel zwischen Geschäftsbanken und einer Zentralbank gehandelt wird) und physischem Bargeld. Die Banken verleihen dann ein Mehrfaches davon.

Monetäre Rückentwicklung?

Wenn eine Bank Kredite vergibt, schafft sie neues Geld. Wenn Sie eine Hypothek für ein Haus aufnehmen, holt die Bank das Geld nicht aus ihrem Tresor. Sie vermerkt einfach den Betrag auf Ihrem Konto, und das Geld ist wie von Zauberhand entstanden.

Die Bank erhält den Schuldtitel (die Hypothek) als Vermögenswert und das neue Geld auf Ihrem Konto ist ihre entsprechende Verbindlichkeit. Sie erhalten das neue Geld als Vermögenswert, und der Schuldtitel ist Ihre entsprechende Verbindlichkeit.

Wenn Sie dann mit diesem neu geschaffenen Geld für Ihr Haus bezahlen, wird der Verkäufer des Hauses dieses neue Geld wahrscheinlich auf sein Bankkonto einzahlen. Ihre Bank wird ihre Verbindlichkeiten einfach auf das Bankkonto desjenigen übertragen, von dem Sie das Haus gekauft haben. Zu diesem Zeitpunkt wird die Bank des Hausverkäufers dieses neue Geld als Grundlage für eine erneute Kreditvergabe verwenden.

Monetäre Rückentwicklung?

Im Jahr 2020 beschloss die US-Notenbank, die Mindestreserveanforderungen ganz abzuschaffen, so dass die winzige Beschränkung, die zuvor bestanden hatte, nicht mehr gilt.

Wie Sie anhand dieses Prozesses erkennen können, ist Fiat-Währung nicht sehr widerstandsfähig gegenüber unvorhergesehenen Erhöhungen ihres Angebots, d. h. sie besteht den Härtetest nicht.

Das Beste an diesem Taschenspielertrick ist, dass die Bank Ihnen dann Zinsen für dieses magische neue Geld berechnet. Wenn Sie sich in einer Situation befinden, in der Sie sich die Hypothekenzahlungen, die Rückzahlung dieses mühelos geschaffenen neuen Geldes, nicht mehr leisten können, dann kann die Bank Ihr Haus übernehmen.

Um das klarzustellen: Sie wenden Ihre Zeit und Energie im Austausch gegen Fiat-Währungseinheiten auf, um Zinsen an ein Unternehmen zu zahlen, das weder Zeit noch Energie aufwendet, um dieselben Fiat-Währungseinheiten zu schaffen.

Monetäre Rückentwicklung?

Wenn Sie diesen Kredit jemals zurückzahlen, verschwindet das Geld. Die Bank schreibt Ihre Verbindlichkeit ab und entfernt den entsprechenden Vermögenswert.

Das Problem ist, dass das auf dem Kopf stehende Kartenhaus in sich zusammenfällt, wenn die Kredite zurückgezahlt werden. Das liegt daran, dass der Wegfall von Krediten (Geld) den Preis des verbleibenden Geldes im System steigen lässt.

Steigt die Kaufkraft des Geldes, so wird die Rückzahlung von Schulden, die auf dieses Geld lauten, schwieriger. Hinzu kommt, dass die Vermögenswerte im Allgemeinen gegenüber dem Geld im Nenner abnehmen, wenn das Geld im Wert steigt.

Vermögenswerte wie Aktien oder Immobilien werden im Allgemeinen als Sicherheiten für bestehende Kredite verwendet. Wenn der Preis dieser Vermögenswerte gegenüber der Währung, auf die der Kredit lautet, fällt, werden Nachschussforderungen gestellt, so dass der Kreditnehmer mehr Sicherheiten stellen muss. Wenn der Kreditnehmer keine weiteren

Monetäre Rückentwicklung?

Sicherheiten stellen kann oder will, werden seine Vermögenswerte liquidiert, wodurch die Preise der Vermögenswerte weiter sinken und der entsprechende Kredit vernichtet wird, was die Abwärtsspirale wieder in Gang setzt.

Je mehr Schulden vernichtet werden, desto schneller steigt die Kaufkraft des Geldes an, und es kommt zu Konkursen und zum Verschwinden von Arbeitsplätzen und Einkommen, was zu einer weiteren Vernichtung von Schulden führt, bis schließlich das gesamte System wieder auf seine Basis zurückgesetzt wird.[6]

An diesem Punkt bliebe Ihnen nur noch das Bargeld, das Sie unter Ihre Matratze gestopft haben (oder das Gold in Ihrem Tresor, wenn Sie schlau sind, oder die Bitcoin auf Ihrer (Hardware-)Wallet, wenn Sie superschlau sind).

---

[6] Für eine vollständige und detaillierte Analyse von Geld und Kredit verweise ich den Leser auf *„Theorie des Geldes und der Umlaufmittel"* von *Ludwig von Mises*. Dieses Buch ist ein absolutes Meisterwerk in den Themen Geld und Kredit. Die darin enthaltenen minutiösen Details würden den Rahmen dieses Buches sprengen.

Monetäre Rückentwicklung?

Um diesen Zusammenbruch zu verhindern, besteht die staatlich finanzierte akademische Lösung darin, den Kredit weiter auszuweiten.

Damit die Kreditausweitung fortgesetzt werden kann, müssen die Zinssätze nach unten manipuliert werden, damit die Menschen, Unternehmen, Institutionen und Regierungen in der Lage sind, die Zinszahlungen für ihre wachsenden Schuldenberge zu bedienen.

Würden wir in einer Welt leben, in der die weltweiten Zinssätze gegen null Prozent manipuliert und die Kreditvergabe von der Geldbasis aus exponentiell ausgeweitet worden wäre, hätten wir ein großes Problem.

Je niedriger die Zinssätze sind, desto größer ist der Anreiz für die Menschen, Kredite aufzunehmen, und desto größer wird das Problem.

Wenn es sich um eine einmalige Kreditausweitung gehandelt hätte, wäre diese Rückabwicklung nicht katastrophal. Aber wenn wir in einer Welt leben würden, in der jede Nation auf dem Planeten seit Jahrzehnten Kredite ausweitet und ihre jeweiligen

Monetäre Rückentwicklung?

Währungen manipuliert, dann wäre die Rückabwicklung katastrophal.

Ich weiß, was Sie denken, und ja, ich stimme zu, es ist ein verdammtes Desaster.

Irgendwann kommt der Zeitpunkt, an dem die Kredit- und Geldmenge so stark ausgeweitet wurde, dass die Menschen beginnen, das Vertrauen in die Währung zu verlieren. In solchen Situationen kommt es zu einer extremen Volatilität der Kosten für Waren, Dienstleistungen und Vermögenswerte, die auf die ausfallende Währung lauten. Die Währung bricht dann zusammen.

Fiat-Währungen geben denjenigen Macht, die in der Lage sind, Geld zu schaffen, auf Kosten derjenigen, die dies nicht können. Der Cantillon-Effekt[7] spielt eine große Rolle bei den

---

[7] 18th Der französische Bankier und Philosoph Richard Cantillon schlug vor, dass die Menschen, die der Gelddruckerei am nächsten sind, im Vergleich zu denen, die weiter weg sind, überproportional profitieren würden. So hätten beispielsweise Regierungen, Banken, Hedgefonds usw. den ersten Zugriff auf das neue Geld, das sie zum Kauf von Waren und Dienstleistungen verwenden könnten, bevor sich die Preise an das neue Geldangebot

Monetäre Rückentwicklung?

Vermögensunterschieden, die in den heutigen Gesellschaften zu beobachten sind. Je länger Fiat-Währungen bestehen, desto mehr wird sich der Wohlstand in den Händen einiger weniger konzentrieren.[8]

Regierungen können einfach Schulden (Anleihen) ausgeben und ihre Zentralbank wird diese Schulden bei Bedarf monetarisieren. Manchmal lässt die Regierung ihre Zentralbank regelrecht Geld „drucken" (Zahlen in die Bücher eintragen).

Die Regierung verwendet dieses künstliche Geld dann in der Regel, um entweder die Bevölkerung zu bestechen, um Wählerstimmen zu gewinnen, um sich selbst zu bereichern, um auf reale und knappe Ressourcen auf dem Markt zuzugreifen, was eine Vielzahl von Problemen verursacht, oder direkt alles zusammen. Im Gegenzug leidet der Durchschnittsbürger unter den Folgen der

---

angepasst hätten. Die Menschen am anderen Ende der Skala, d. h. die Armen und die Mittelschicht, bekommen dagegen in der Regel nur die höheren Preise zu spüren.
[8] Für eine vollständige und fantastische Aufschlüsselung dieses Themas verweise ich den Leser auf *„Der Fiat Standard"* von *Saifedean Ammous*.

Monetäre Rückentwicklung?

Inflation. Typischerweise führt dieser Prozess dazu, dass die Menschen immer abhängiger von der Regierung werden.

Es ist fast so, als ob dies absichtlich geschieht.

Sie fragen sich wahrscheinlich auch: Wenn die Regierung einfach Geld schaffen kann, um ihren Betrieb zu finanzieren, warum müssen wir dann Steuern zahlen?

Gute Frage, darauf werde ich zurückkommen müssen...

Offensichtlich kann der Durchschnittsbürger keine Schulden machen und sie von einer Zentralbank monetarisieren lassen. Stattdessen muss der Durchschnittsbürger seine wertvolle Zeit und Energie aufwenden, um den von ihm gewünschten Korb von Waren und Dienstleistungen zu erhalten. Denselben Korb von Waren und Dienstleistungen, den er für weniger Geld erwerben können sollte.

Wenn wir in einer gerechteren Gesellschaft leben wollten, die das Kapitalwachstum, den steigenden Lebensstandard und die Freiheit optimiert, würden wir ein digitales, dezentralisiertes Peer-to-Peer-Geld mit einer festen, unveränderlichen und vorprogrammierten Menge verwenden.

Monetäre Rückentwicklung?

KAPITEL 4

Warum ist Bitcoin das bessere Geld?

Da wir nun wissen, was Geld ist, warum es nützlich ist und warum Gold vom freien Markt als Geld ausgewählt wurde, ist es an der Zeit, sich damit zu befassen, warum Bitcoin Geld ist und warum es letztendlich die beste Form von Geld ist, die die Menschheit je hatte.[9] Ich werde noch einmal die Eigenschaften von Geld durchgehen und analysieren, wie Bitcoin in jeder Kategorie abschneidet.

Fungibilität und Wiedererkennbarkeit

Da Bitcoin einfach nur ein Code ist, ist ein Bitcoin oder ein Satoshi[10] vollkommen fungibel mit einem anderen. Eine Bitcoin-Transaktion besteht aus dem Senden von „unverbrauchten Transaktionsausgaben" oder kurz „UTXOs". Die Transaktionen werden unabhängig von einem verteilten, dezentralen Netzwerk von Knotenpunkten überprüft. Sie können Ihren eigenen Knotenpunkt für sich selbst betreiben und Ihre eigenen Transaktionen verifizieren, wenn Sie möchten, und das zu sehr geringen Kosten. Im Gegensatz dazu muss Gold entweder zentral

---

[9] Wenn Sie jemals jemanden sagen hören, dass Bitcoin wertlos ist, weil er nichts tut und keine Geldflüsse erzeugt, dann erkennen Sie, dass diese Person entweder kein Geld versteht oder auf betrügerische Weise versucht, ein ungerechtes Fiat-Währungssystem zu verteidigen, von dem sie höchstwahrscheinlich auf Kosten anderer profitiert. Hüten Sie sich vor den Cantillonairen!
[10] Ein Satoshi ist 0,00000001 eines Bitcoins oder ein Hundertmillionstel eines Bitcoins.

Warum ist Bitcoin überlegenes Geld?

gewogen und verifiziert werden, oder es entstehen höhere persönliche Kosten.

Haltbarkeit

Da Bitcoin digital ist, ist seine Lebensdauer nahezu unbegrenzt. Die einzigen realistischen Szenarien, die eine Zerstörung des Bitcoin-Netzwerks beinhalten, fallen mit der Zerstörung der Menschheit zusammen.

Es wird oft von Gegnern von Bitcoin behauptet: *„Was ist, wenn das Internet zusammenbricht?"* Abgesehen davon, dass dies eine völlig lächerliche Vorstellung ist, die die einseitige Zusammenarbeit jedes Nationalstaates auf dem Planeten erfordert (und immer noch eine undurchführbare Aufgabe ist), was wahrscheinlich zu einer Vielzahl von Fehlfunktionen führt, die unvorstellbare Zerstörung riskieren, würde Bitcoin immer noch funktionieren. Bitcoin hat seine eigenen Satelliten, die das Netzwerk ausstrahlen. Bitcoin kann über Radiowellen gesendet werden.

Aber selbst wenn sich dieses absurde Beispiel bewahrheiten sollte, würde das gesamte Bitcoin-

Netzwerk wieder zum Leben erwachen, sobald nur eine Person den Bitcoin-Code erneut ausführt.

Teilbarkeit

Ein Bitcoin ist durch einhundert Millionen in eine Einheit teilbar, die als Satoshi bezeichnet wird. Die Teilbarkeit von Bitcoin ist der von Gold weit überlegen.

Dieser Grad der Teilbarkeit kann auch durch den Einsatz von Second-Layer-Lösungen, wie Lightning (dem „Blitznetz") für Kleinstzahlungen, noch weiter gesteigert werden.

Gold kann in kleine Mengen zerlegt werden, aber es ist schwierig, diese Mengen gleichmäßig zu verteilen.

Programmierbares Geld ist im Bereich der Teilbarkeit weit überlegen.

Knappheit

Bitcoin hat ein festes Angebot von 21 Millionen[11].

---

[11] Das tatsächliche Angebot liegt bei etwas weniger als 21 Millionen. Es wird auch davon ausgegangen, dass einige

Bitcoin ist Gold insofern weit überlegen, als er eine bekannte und unveränderliche Geldmenge hat. Kein anderes Gut hat einen festen, bekannten und vor allem unveränderlichen Bestand an Geldeinheiten.

Knappheit erhöht den Wert eines Wirtschaftsgutes, vorausgesetzt, das Produkt ist auch begehrenswert. So hat zum Beispiel Wasser, obwohl es überlebensnotwendig ist, einen sehr geringen wirtschaftlichen Wert, weil es im Überfluss vorhanden ist. Smaragde hingegen, die außer zu dekorativen Zwecken weitgehend nutzlos sind, haben aufgrund ihrer Knappheit einen hohen wirtschaftlichen Wert.

Daher hat ein knappes Geld pro Einheit einen höheren wirtschaftlichen Wert als ein reichlich vorhandenes Geld pro Einheit. Diese Tatsache macht knappes Geld zu einem besseren Instrument für die Speicherung von Ersparnissen

---

Millionen Münzen dauerhaft verloren sind, weil die privaten Schlüssel zu den entsprechenden UTXOs verloren gegangen sind. Betrachten Sie diese verlorenen Münzen als eine Spende an die bisherigen Inhaber.

Warum ist Bitcoin überlegenes Geld?

und für die Zukunftsorientierung als reichlich vorhandene Geldformen. Das bedeutet, dass Bitcoin aufgrund seiner Knappheit so konstruiert wurde, dass es langfristig Werte speichert.

Härte

Bitcoins werden erzeugt, wenn ein Bitcoin-Miner einen „Proof of Work"[12] löst, der die vom Protokoll festgelegten Konsensregeln erfüllt. Der siegreiche Bitcoin-Miner erhält die so genannte „Blockbelohnung".

Blöcke werden im Durchschnitt etwa alle 10 Minuten erstellt. Unabhängig davon, wie viel Energie die Teilnehmer des Netzwerks aufwenden, um neue Blöcke und damit mehr Bitcoin zu erzeugen, bleibt die Ausgabe über längere Zeiträume hinweg stabil.

---

[12] Beim Arbeitsnachweis (PoW) müssen die Mitglieder eines Netzwerks Energie aufwenden, um ein beliebiges mathematisches Rätsel zu lösen. Während für die Lösung des Rätsels Energie aufgewendet werden muss, ist die Überprüfung der Arbeit aufgrund von Einweg-Hashing-Funktionen einfach.

Warum ist Bitcoin überlegenes Geld?

Das liegt an einem der genialsten Teile des Bitcoin-Protokolls, der so genannten „Schwierigkeitsanpassung".

Miner konkurrieren wie besprochen, um einen Proof of Work zu lösen. Wenn die Miner ihre kombinierte Hashing-Leistung erhöhen, werden Blöcke schneller gefunden und die Ausgabe neuer Bitcoin wird beschleunigt. Um dem entgegenzuwirken, passt das Protokoll alle 2016[13] Blöcke, etwa alle zwei Wochen (10 Minuten multipliziert mit 2016), automatisch die Schwierigkeit nach oben oder unten an, je nachdem, wie schnell die vorhergehenden Blöcke gelöst wurden.

Um diese Genialität zu ergänzen, wird die Blockbelohnung, die die Miner für die Lösung des Proof of Work und die Erstellung eines Blocks erhalten, alle 210.000 Blöcke halbiert, also etwa alle 4 Jahre (210.000 multipliziert mit 10 Minuten).

---

[13] 2016 ist die Umkehrung von "6102", dem Erlass, der den Besitz von Gold in den Vereinigten Staaten verbot. Satoshi hatte eindeutig ein sehr tiefes Verständnis für die Geschichte des Geldes und der staatlichen Unterdrückung.

Warum ist Bitcoin überlegenes Geld?

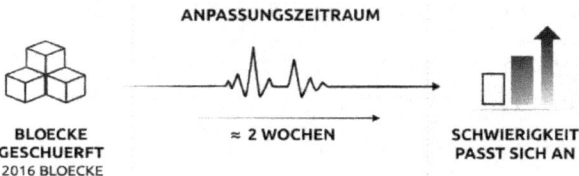

Die ursprüngliche Blockbelohnung betrug 50, wurde 2012 auf 25, 2016 auf 12,5 und 2020 auf 6,25 halbiert, was zum Zeitpunkt der Erstellung dieses Berichts der aktuelle Wert ist.

Irgendwann wird der gesamte Bestand an Bitcoin abgebaut sein, in etwa 120 Jahren, wenn man von einer durchschnittlichen Blockzeit von 10 Minuten ausgeht. Das bedeutet, dass das Verhältnis von Bitcoin Bestand zu Zufluss exponentiell ansteigt.

Im Jahr 2024 wird sich die Bitcoin Blockbelohnung wieder halbieren auf 3,125 BTC, und der Wert von Bitcoin wird den von Gold übersteigen.

Kurz gesagt, das Angebot von Bitcoin ist besser bekannt und vorhersehbar als das von Gold. Er wurde so konstruiert, dass er sich mit der Zeit „verfestigt".

Tragbarkeit

Bitcoin können gegen eine vernachlässigbare Gebühr von jedem Ort der Welt zu jedem anderen Ort der Welt teleportiert werden.

Der Empfänger von Bitcoin kann die endgültige Zahlung eines Inhabervermögenswertes in weniger als einer Stunde erhalten. Dies ist bemerkenswert und offensichtlich ein großer Fortschritt im Vergleich zu Gold.

Es wird oft angenommen, dass Fiat sofort über den ganzen Globus geschickt werden kann, aber die tatsächliche Bargeldabwicklung kann Wochen, wenn nicht Monate dauern.

Bitcoin-Transaktionen werden in Blöcken platziert, die in der Regel nach der Gebührenhöhe priorisiert werden. Die Miner konkurrieren dann um die Lösung des erforderlichen, rechnerischen Arbeitsnachweises (*Proof of Work*). Wenn ein Block gelöst ist, beginnen die Miner sofort mit der Arbeit an diesem letzten Block, um den Proof of Work für den nächsten Block zu lösen. Wenn jemand zurückgeht und versucht, Daten in einem früheren Block zu ändern, werden diese Änderungen von den anderen Knoten als ungültig markiert und zurückgewiesen, was bedeutet, dass die aufgewendete Energie und die Ressourcen des unehrlichen Mitglieds des Netzwerks umsonst waren.

Da die Miner an der längsten Aufzeichnung der Kette arbeiten, müsste jeder, der versucht hat, die Daten in einem früheren Block zu ändern, den Arbeitsnachweis in diesem Block erneut lösen und dann den Arbeitsnachweis für genügend Blöcke lösen, um seine Version der Blockchain über die aktuelle Blockhöhe hinaus zu erweitern. Außerdem müssten sie all dies tun, bevor das gesamte Netzwerk der Miner den nächsten Block in ihrer Kette (der aktuell längsten Zeitkette) löst.

Warum ist Bitcoin überlegenes Geld?

Aufgrund dieses Prozesses gilt eine Transaktion, die vor 6 Blöcken in einen Block gemined wurde, als so gut wie in die Geschichte eingebrannt, da es nicht möglich ist, eine so tief in die Blockchain eingebettete Transaktion zu ändern.

Resistenz gegen Zensur und Beschlagnahmung

Bitcoin arbeitet mit öffentlicher und privater Schlüsselpaar-Kryptographie. Die Mathematik hinter dieser Funktionsweise ist zwar interessant, liegt aber außerhalb des Rahmens dieses Buches.[14]

Ein Bitcoin-Nutzer kann mit seinem privaten Schlüssel auf sein Geld zugreifen und es ausgeben. Private Schlüssel werden oft in menschenlesbare „Seed Phrases" umgewandelt, die in der Regel aus einer Reihe von 12 bis 24 mnemonischen Wörtern in einer bestimmten numerischen Reihenfolge bestehen.

---

[14] Der Saylor.org-Kurs „*Bitcoin für Entwickler*" von *Andreas Antonopoulos* ist ein hervorragender, kostenloser Kurs für alle, die sich für die Kryptographie, die Mathematik und den Code des Bitcoin-Protokolls interessieren.

Warum ist Bitcoin überlegenes Geld?

Sie fragen sich vielleicht, ob ein hochentwickelter Computer in der Lage wäre, diese Seed Phrase zu erraten. Ein Computer, der speziell für das Erraten einer Seed-Phrase entwickelt wurde, bräuchte etwa 2 Jahrtausende, um eine 6-Wort-Seed-Phrase zu erraten. Mit jedem zusätzlichen Wort steigt die Schwierigkeit exponentiell an. Eine Seed-Phrase mit 12 Wörtern wird daher als „ziemlich" sicher angesehen.

Wenn Sie Bitcoin besitzen und vorhaben, ewig zu leben, müssen Sie möglicherweise Ihr Bitcoin-Wallet wechseln, wenn Sie sich dem Jahr der Unendlichkeit nähern.

„Ich werde es im nächsten Jahrtausend tun."

Ansonsten sind Ihre Bitcoin sicher hinter einer verschlüsselten Energiewand geschützt.

Solange ein Nutzer seinen privaten Schlüssel nicht preisgibt, so wie er auch den Zugangscode zu seinem Safe nicht preisgeben würde, kann niemand auf sein Geld zugreifen.

Dies ist eine bemerkenswerte Verschiebung in der Anreizstruktur der Gewalt, denn wenn das Geld einer Person nicht mit Gewalt genommen werden kann, dann kann Geld nur durch die Bereitstellung von Werten im einvernehmlichen Austausch erworben werden.

Es ist kein Wunder, dass Nachrichtenagenturen und Bürokraten Bitcoin[15] nicht mögen.

Natürlich könnte jemand gefoltert werden, um seine Seed-Phrase oder seinen privaten Schlüssel herauszugeben. Es gibt bestimmte Schutzmaßnahmen dagegen, wie z. B. Bitcoin-Wallets mit mehreren Unterschriften, bei denen zwei oder mehr Personen das Senden einer Transaktion bestätigen müssen (Multi-Signatur Wallet).

Aber das ist nicht der Punkt, denn die Menschen könnten auch gefoltert werden, um ihr Gold oder ihre Dollars oder Pfund oder Yen aufzugeben. Der springende Punkt ist, dass die Regierung nicht alle ihre Bürger foltern und sie zwingen kann, sich selbst zu verarmen, indem sie ihr besseres Geld

---

[15] Menschen, die gegen Bitcoin sind, sind entweder ignorant oder böse. So oder so, ergibt dies kein gutes Bild.

Warum ist Bitcoin überlegenes Geld?

aufgeben und stattdessen von der Regierung ausgegebenes Papiergeld verwenden.

Das mag lächerlich und übertrieben klingen, wenn Sie ein finanziell privilegiertes Leben geführt haben. Aber wenn Sie die Geschichte studiert haben oder mit jemandem gesprochen haben, dem sein Geld oder Vermögen von seiner Regierung gestohlen wurde, werden Sie verstehen, wie bahnbrechend und lebensrettend Bitcoin wirklich ist.

Wie bereits erwähnt, hat Geld auch andere Qualitäten. Der Hauptbereich, in dem Bitcoin gegenüber Gold den Kürzeren zieht, ist seine Erfolgsbilanz. Bitcoin hat in den letzten 13 Jahren einen bemerkenswerten und spektakulären Aufstieg erlebt. Allerdings sind 13 Jahre kaum ein Vergleich zu den Tausenden von Jahren, die Gold als freies Marktgeld auf dem Buckel hat.

Ich glaube, dass Bitcoin jetzt eine kritische Masse erreicht hat. Er hat eine Marktkapitalisierung von über 600 Milliarden Dollar, was die derzeitige wirtschaftliche Energie repräsentiert, die von seiner Anziehungskraft angezogen wurde.

Warum ist Bitcoin überlegenes Geld?

Bitcoin befindet sich derzeit im Besitz von etwa 100 Millionen Menschen weltweit, Tendenz steigend. Öffentliche Unternehmen besitzen Bitcoin, Regierungsbeamte besitzen Bitcoin, El Salvador und die Zentralafrikanische Republik haben Bitcoin als gesetzliches Zahlungsmittel eingeführt. Große Banken und Investmenthäuser bieten ihren Kunden Bitcoin an und legitimieren sie. Die Menschen nutzen Bitcoin, um der Tyrannei zu entkommen. Frauen in frauenfeindlichen Regionen der Welt nutzen Bitcoin, um sich selbst zu stärken. Händler ohne Bankkonto nutzen Bitcoin, um am Handel teilzunehmen. Familien, die in Ländern mit hyperinflationären Währungen leben, nutzen Bitcoin, um ihre Ersparnisse zu schützen. Die Liste geht weiter.

Bitcoin ist eine Flamme der Hoffnung, die sich auf der ganzen Welt ausbreitet. Autoritäre Regierungen mögen versuchen, Bitcoin zu „verbieten", aber man kann Ideen nicht „verbieten". Open-Source, Peer-to-Peer, dezentralisierte Technologien werden sich trotzdem durchsetzen. Alles, was eine Regierung tun kann, wenn sie ein Bitcoin - „Verbot" verhängt, ist, der Welt zu zeigen, dass ihre Rechtsprechung gegen Freiheit, Unabhängigkeit und Wohlstand ist, und Sie sollten diese Rechtsprechung so schnell wie möglich verlassen.

Talent und Intellekt werden sich von unterdrückerischen Regimen abwenden und in Länder mit einer Bitcoin-freundlichen Rhetorik abwandern.

El Salvador wird wahrscheinlich einen explosionsartigen Anstieg des Lebensstandards erleben, wenn es auf seinem derzeitigen Weg der Freiheits- und Bitcoin-Befürwortung bleibt.

Da Bitcoin weiterhin exponentiell wächst, wird auch die Freiheit exponentiell wachsen.

Warum ist Bitcoin überlegenes Geld?

KAPITEL 5

Digitale Energiekugel

Ich hoffe, Sie haben inzwischen verstanden, was Geld ist. Hoffentlich haben Sie ein Gespür dafür, welche Eigenschaften etwas zu einem guten und welche zu einem schlechten Geld machen.

Hoffentlich sind Sie auf dem Weg, eine neue Hypothek auf Ihr Haus aufzunehmen, damit Sie dieses niedrig verzinste, verrottende Geldbündel in die härteste Form des Geldes umtauschen können, die je existiert hat: Bitcoin... nur ein Scherz, das ist kein finanzieller Ratschlag...

Wie bereits erwähnt, ist eine der wichtigsten Eigenschaften des Geldes seine Fähigkeit, die Kaufkraft zu erhalten, oder anders gesagt, die Fähigkeit, Reichtum zu speichern. Das heißt, die Fähigkeit, Ihre Zeit- und Energieaufwendungen zu speichern und diese Ausgaben zu einem bestimmten Zeitpunkt in der Zukunft gegen gleichwertige Zeit- und Energieausgaben umtauschen zu können. Dies ist eine Eigenschaft, bei der Fiat-Währung kläglich versagt.

Die meisten Fiat-Währungen haben im Laufe der Geschichte 100 % ihrer wirtschaftlichen Energie verloren, als sie in die Wertlosigkeit kollabierten. Die verbliebenen Überlebenden haben über 99 % ihrer Wirtschaftskraft verloren.

Obwohl die noch verbliebenen Fiat-Währungen bereits 99 % oder mehr ihrer wirtschaftlichen Energie verloren haben, werden die verbleibenden 1 % in den kommenden Jahrzehnten mit

Digitale Energiekugel

ziemlicher Sicherheit ebenfalls 99-100 % verlieren. Die Probleme, die zu diesem übermäßigen Energieverlust geführt haben, bleiben nicht nur bestehen, sondern verschlimmern sich exponentiell.

Ein gutes Geld bewahrt seine wirtschaftliche Energie. Die Zeit und Energie, die aufgewendet wurde, um das Geld zu verdienen, sollte nicht in dem Maße verloren gehen, wie es bei Fiat-Währungen der Fall ist. Gold verliert etwa 2 % seines Wertes pro Jahr. Das bedeutet, dass Sie nach etwa 35 Jahren Goldbesitz die Hälfte Ihrer wirtschaftlichen Kaufkraft verloren haben. Und 35 Jahre später haben Sie noch einmal die Hälfte verloren.

Wenn die Menschheit fortschreitet, werden Sie die Vorteile dieses Fortschritts in die monetäre Energie Ihres Geldes einfließen lassen. Vielleicht stellen Sie nach 35 Jahren fest, dass Sie Ihre Kaufkraft aufgrund des technischen Fortschritts leicht erhöht haben.

Sie werden jedoch nicht das gleiche Maß an Zeit- und Energieaufwand für die Kaufkraft haben.

Digitale Energiekugel

Hätten Sie eine Form von Geld, bei der keine Kaufkraft verloren geht, dann würden Sie Ihre Kaufkraft erhöhen, indem Sie dieses Geld im Einklang mit den Fortschritten der Technologie und den globalen Produktivitätsraten halten.

Die Auswirkungen dieser Entwicklung sind atemberaubend. Der Einzelne müsste sich nicht mehr zusätzlich zu seiner regulären Arbeit mit Immobilienentwicklung oder Vermögensverwaltung befassen, um sich einen angemessenen Notgroschen für den Ruhestand zuzulegen. Die Menschen wären in der Lage, ihr Geld einfach zu sparen.

Denken Sie einen Moment darüber nach. In einer solchen Welt würden nur die Investitionsprojekte verfolgt werden, die einen echten Nutzen für die Gesellschaft und eine echte Kapitalrendite versprechen. Denn alles, was weniger erwirtschaftet, wäre schlechter als das bloße Halten von Geld als Ersparnissen.

Der Bitcoin-Ball aus monetärer Energie ist bei weitem der dichteste von allen Geldkonkurrenten. Sein monetärer Kern wird härter und seine

Digitale Energiekugel

wirtschaftliche Dichte nimmt zu, je mehr Menschen sich für ein Upgrade ihres Geldes entscheiden und Bitcoin als ihr gewähltes Geld annehmen, was wiederum mehr Menschen anzieht, das Gleiche zu tun.

Wenn mehr wirtschaftliche Energie auf Bitcoin gelenkt wird, werden die bestehenden Bitcoin-Sparer nicht verwässert, sondern vielmehr belohnt, da sich das wirtschaftliche Energiefeld von Bitcoin weiter verdichtet und stärkt.

Bitcoin ist so konstruiert, dass er letztendlich die wirtschaftliche Energie aller anderen Vermögensanlagen anziehen wird. Die Sparer, die sich bereits für das Sparen in Bitcoin entschieden haben, werden belohnt.

Diese Fortschritte, die Bitcoin gegenüber Gold gemacht hat, machen Gold nicht wertlos. Genauso wie Silber trotz seiner Nachteile gegenüber Gold nicht wertlos ist. Nur haben die Besitzer von Silber im Laufe der Zeit aus den oben genannten Gründen wirtschaftliche Energie an die Besitzer von Gold verloren. Die Besitzer von Gold werden

Digitale Energiekugel

ihrerseits im Laufe der Zeit ihre wirtschaftliche Energie an die Besitzer von Bitcoin verlieren.

Es kann vorkommen, dass es zu einer vorübergehenden Verknappung und/oder einer erhöhten Nachfrage nach Silber kommt, was dann zu einem Anstieg des Preises gegenüber Gold und anderen Vermögenswerten führt. Aber im Gegensatz zu Bitcoin haben Silber und andere Rohstoffe keine eingebaute Schwierigkeitsanpassung. Ein höherer Silberpreis wird also einen Anreiz für mehr Exploration und Gewinnung von Silber bieten, was das Angebot (den Zufluss) von Silber erhöht und den Preis wieder sinken lässt.

Nebenbei bemerkt wird diese Dynamik von vielen ansonsten intelligenten Anlegern und Wirtschaftswissenschaftlern im Allgemeinen falsch verstanden. Sie verwechseln in der Regel Preissteigerungen bei Rohstoffen, die durch monetäre Inflation verursacht werden, mit Preissteigerungen, die durch Ungleichgewichte zwischen Angebot und Nachfrage verursacht werden.

Digitale Energiekugel

Wenn Öl „gestiegen" ist, aber Gold auch „gestiegen" ist und Silber und Holz und Erdgas und so weiter, gibt es dann wirklich eine Ölknappheit? Oder wird der Nenner manipuliert?

Viele Finanzanalysten weigern sich jedoch, das Überangebot im Nenner der Gleichung anzuerkennen, und konzentrieren sich stattdessen auf ein vermeintliches Unterangebot des Rohstoffs.

Interessanterweise führt die monetäre Inflation in der Regel auch zu Problemen in der Versorgungskette, die den durch die Aufblähung der Geldmenge verursachten Inflationsdruck noch verstärken. Dies liegt vor allem an dem wirtschaftlichen Chaos und der Fehlleitung von Kapital, die die Inflation verursacht.

Der Wohnungsmarkt

Weltweit gibt es derzeit ein Problem, das vor allem Millennials und jüngere Generationen und deren Unfähigkeit, sich Wohnraum zu leisten, betrifft.

Dafür gibt es einige Gründe, die alle mit dem Fiat-System zusammenhängen. Die Fiat-Akademiker sind nach wie vor davon überzeugt, dass es einfach eine Frage von Angebot und Nachfrage bei den Häusern selbst ist und nichts mit dem übermäßigen Angebot an Fiat-Krediten und Geld zu tun hat.

Da Fiat-Währungen jedoch immer wieder ihre wirtschaftliche Energie verlieren, versuchen rationale Wirtschaftsakteure, die wie die Menschen ihre eigenen Interessen verfolgen, alternative Wertaufbewahrungsmittel zu finden. Der Wohnungsbau ist eine davon.

Die Menschen erkennen, dass *„Häuser immer teurer werden"* (worin gemessen? würde ich fragen), also kaufen sie ein Haus, um darin zu leben, und dann ein weiteres Haus, um ihren Reichtum darin zu lagern und vielleicht sogar noch ein wenig Geld zu verdienen. Dadurch entsteht natürlich eine höhere Nachfrage nach Wohnraum als nötig.

Bitcoin ist perfektes Eigentum und „härter" als Wohnraum. Er ist leichter zu halten. Er ist schwerer zu beschlagnahmen und zu plündern. Er muss nicht gewartet werden. Man kann ihn leicht transportieren. Je mehr Menschen diese

Digitale Energiekugel

unbestreitbaren Tatsachen erkennen, desto mehr monetäre Energie wird Bitcoin aus dem Immobilienmarkt abziehen.

Zweitens werden in einem kreditbasierten Geldsystem Hypotheken für den Kauf von Häusern vergeben. In einem soliden Geldsystem wäre es töricht, Geld zu leihen, um ein Haus zu kaufen, denn das geliehene Geld wird im Laufe der Zeit wahrscheinlich mehr wert sein als das ganze Haus.

Wenn die Menschen sich keinen lähmenden Kredit für ein Haus leisten könnten oder wollten, würden die Hauspreise fallen, bis sie einen Gleichgewichtspunkt erreicht hätten, an dem Häuser wieder erschwinglich würden. An diesem Punkt würden die Menschen einfach sparen und ein Haus direkt kaufen.

Ich werde die Diskussion darüber, ob die quantitative Lockerung (QE) zum Anstieg des Immobilienmarktes beigetragen hat oder nicht, außen vorlassen. Es gibt viele Nuancen in der Frage, ob der Tausch von Bankreserven gegen Vermögenswerte Inflation verursacht oder nicht.

Digitale Energiekugel

Wenn Sie das M2-Geldmengenwachstum anstelle eines von der Regierung kontrollierten, finanzierten und manipulierten Inflationskorbs als Maßstab verwenden, dann ist die Beweislage ziemlich eindeutig, dass dies der Fall ist. Aber ich werde es den Makroökonomen überlassen, sich über die penible Pedanterie dieser Frage zu streiten.

Letztendlich würden die Menschen Bitcoin zum Sparen verwenden und Häuser für ihren Nutzen, d. h. zum Wohnen. Jeder, der weiterhin Häuser als Sparmöglichkeit nutzt, wird seine wirtschaftliche Position verschlechtern.

Wenn wir in einer Welt leben wollten, in der jeder von den technologischen Fortschritten und dem damit verbundenen Überfluss profitieren kann, dann würden wir ein digitales, dezentrales, gleichrangiges Geld mit einer festen, unveränderlichen und vorprogrammierten Menge verwenden.

Digitale Energiekugel

KAPITEL 6

Bitcoin repariert dies

Bitcoin löst eine Menge Probleme.

Das wichtigste Problem, das Bitcoin behebt, ist die Währungsmanipulation. Daraus ergeben sich die meisten Dinge.

Mit anderen Worten, oder mit den Worten des verstorbenen und großen Friedrich Hayek, hilft

Bitcoin dabei, *„das Geldmonopol aus den Händen der Regierung zu nehmen"* (ich paraphrasiere hier ein wenig).

Geldmanipulationen verschaffen den Zentralplanern eine unbegrenzte Menge an Finanzmitteln für ihre Operationen. Dies wiederum ermöglicht es den Politikern, bei der Entscheidung zwischen kurzfristigem Schmerz und langfristigem Wohlstand „auf die Tube zu drücken".

Da die meisten politischen Systeme so strukturiert sind, dass kurzfristige Entscheidungen langfristige Entscheidungen übertrumpfen, wird der sprichwörtliche Tropfen auf den heißen Stein immer wieder gewählt.

Dies führt zu dem, was als langfristiger Schuldenkreislauf bekannt ist. Jede Konjunkturabschwächung erfordert eine immer stärkere Stimulierung durch die Ausweitung von Krediten und Schulden, um den Kreislauf wieder in Gang zu bringen.

Energienutzung

Der langfristige Verschuldungszyklus wird in der Regel durch die in Kapitel 3 beschriebene Dynamik der *monetären Rückentwicklung beschleunigt*. Wenn die Kreditvergabe so weit ausgeweitet wurde, dass die Schulden höher sind als die Einkommen und die Zinssätze an der unteren Nullgrenze liegen (in der Eurozone negativ), müssen die[16] Zentralplaner ihre manipulativen Kräfte auf Hochtouren bringen.

Der einzige politisch beliebte Ausweg aus diesen Szenarien ist die Abwertung der Währung, auf die die Schulden lauten. In der Hoffnung, die Schuldenlast aufblähen zu können, ohne das Vertrauen in die zugrundeliegende Währung zu verlieren.

Da die Schaffung von Inflation die Zinssätze tendenziell in die Höhe treibt, müssen die zentralen Planer auch versuchen, die Zinssätze zu

---

[16] Der Zinssatz in einem freien Markt ist der Kapitalkostensatz. Es würde einige Gehirnakrobatik erfordern, um zu erklären, wie die Kapitalkosten negativ sein können. Es überrascht nicht, dass die nicht gewählten Parasiten, die die Europäische Zentralbank leiten, Bitcoin nicht mögen.

Energienutzung

drücken. Dies war in der Vergangenheit einfacher, als es noch kein Ventil (Bitcoin) gab, mit dem die Bürger aus diesem manipulativen und repressiven Spiel aussteigen konnten.

Folgen der Geldmanipulation

„Es ist kein Zufall, dass das Jahrhundert des totalen Krieges mit dem Jahrhundert des Zentralbankwesens zusammenfällt." - Ron Paul

Im Jahr 1914 trat Großbritannien in den Ersten Weltkrieg ein. Um die Kriegsanstrengungen zu finanzieren, gab die britische Regierung ihren Goldstandard auf und die Bank of England gab Kriegsanleihen an die Öffentlichkeit aus. Wie üblich wollte die Öffentlichkeit keinen Krieg finanzieren, so dass die Anleihen nicht in ausreichendem Maße gezeichnet wurden. Die Bank von England ließ sich nicht entmutigen und wollte sich die Gelegenheit zur Kriegsfinanzierung nicht entgehen lassen und kaufte die Anleihen auf betrügerische Weise selbst auf (was bei einem Bitcoin-Standard nicht möglich gewesen wäre).

Energienutzung

Alle anderen großen Nationen haben in dieser Zeit ebenfalls Schulden gemacht und ihre Währungen aufgebläht, um diesen weitgehend sinnlosen Krieg zu finanzieren.

Nach dem Ende des Krieges war Deutschland finanziell ruiniert und wurde von den Machthabern zum Präzedenzfall gemacht. Deutschland wurde mit unrealistischen Reparationszahlungen belastet und ein Teil seines produktiven Bodens wurde ihm weggenommen.

Als Reaktion darauf beschlossen die deutsche Zentralbank und die Regierung, alle bürokratischen Hürden abzubauen, die Steuern zu senken, den Staat zu verkleinern, alle zu entlassen, die den Krieg unterstützt hatten, und den freien Markt arbeiten zu lassen, damit die Gesellschaft gedeihen konnte.

Nur ein Scherz, sie haben beschlossen, Geld zu drucken. Rudolf Havenstein[17], der damalige

---

[17] Rudolf Havenstein, der degenerierte Zentralbanker der Weimarer Republik, nicht zu verwechseln mit Rudolf Havenstein, dem beliebten Twitter-Account. Nebenbei bemerkt war Havenstein auch Jurist. Ebenso wie Jerome

Präsident der Deutschen Reichsbank, begründete dies damit, dass sich das deutsche Volk die durch die kriegsbedingte Inflation verteuerten Waren nicht mehr leisten könne und daher mehr Geld benötige, um diese Waren kaufen zu können.

Es genügt zu sagen, dass die Reichsbank schließlich die deutsche Währung hyperinflationierte und dabei die Gesellschaft zerstörte.[18]

Die Schuld wurde nie wirklich auf den Schuldigen, die Reichsbank, gelenkt. Es wurden alle möglichen Dinge beschuldigt, von Spekulanten über Juden bis hin zu Profiteuren usw. Die Geldinflation war nie der Schuldige.

Vielleicht ist Wladimir Putin in die Vergangenheit gereist, um die Inflation auf die gleiche Weise zu verursachen, wie die von der Regierung

---

Powell, der derzeitige Vorsitzende des Federal Reserve Board. Die Geschichte wiederholt sich nicht, aber sie reimt sich…

[18] Eine ausführliche Darstellung der Weimarer Republik finden Sie in dem Buch „*Das Ende des Geldes*" von *Adam Fergusson*.

Energienutzung

finanzierten Medien uns darüber informieren, dass er dies heute tut?

Um den Rückstand aufzuholen, gaben die Länder den Goldstandard auf. Sie verschuldeten sich massiv und werteten ihre Währungen einseitig ab. Deutschland zerstörte seine Währung regelrecht.

In Zeiten wie diesen kommt es zu massiven Vermögenstransfers von den Sparern der entwertenden Währungen zu den Schuldnern der entwertenden Währung und den Besitzern von Vermögenswerten. Da die Armen und die Mittelschicht in der Regel Bargeld sparen und nur wenige Vermögenswerte besitzen, werden sie in der Regel vernichtet, während die Reichen zusehen, wie ihre Vermögenswerte im Preis „steigen" (natürlich im Vergleich zum Nenner) und ihre Schulden, die sie in der Regel angehäuft haben, um mehr Vermögenswerte zu erwerben, entwertet werden.

Dies vergrößert das Wohlstandsgefälle auf ein extremes Niveau und führt zu Populismus und Kämpfen zwischen „uns" und „denen", zwischen „Besitzenden" und „Habenichtsen" usw.

Energienutzung

Opportunistische und schlichtweg verabscheuungswürdige Politiker tragen dazu bei, das Feuer dieser Gefühle zu schüren und sie als Plattform für den Wahlkampf zu nutzen.

Der Verursacher all dieser Probleme, die monetäre Inflation, entzieht sich nach wie vor jeglicher Prüfung oder Kritik und wird oft sogar von den Menschen befürwortet, denen sie am meisten schadet, nämlich den Armen und der Mittelschicht.

Auf vielfachen Wunsch werden dann von den Regierungen *massenhaft* Wohlfahrtsprogramme aufgelegt, um die Probleme zu „lindern", die die Geldinflation überhaupt erst geschaffen hat.

Wer sich erdreistet, auf die wirtschaftliche Absurdität all dessen hinzuweisen, wird in der Regel vom Mob ausgepeitscht.

Die Finanzierung dieser Programme führt dann zu noch mehr Inflation, was die wahlberechtigten Bürger dazu veranlasst, noch mehr „Hilfe" von ihrer Regierung zu verlangen, der die Regierung gerne nachkommt.

Energienutzung

Dieser Prozess kann schnell außer Kontrolle geraten.

Man sollte nie Feuer mit Feuer bekämpfen, so wie man auch die Inflation nicht mit Inflation bekämpfen sollte.

Es wird noch schlimmer

Die deutsche Gesellschaft war durch den verheerenden Zusammenbruch der Währung weitgehend zerstört worden, und wie bereits erwähnt, ist Geld die Grundlage der Gesellschaft. Manipulationen beim Geld ziehen Manipulationen in allen anderen Bereichen des Lebens nach sich. Wenn Geld unehrlich ist, werden die Menschen unehrlich. Ein Zusammenbruch des Geldsystems führt im Allgemeinen zu einem Zusammenbruch der Gesellschaft insgesamt.

Eine der schrecklichsten Folgen von all dem war der Aufstieg von Adolf Hitler. Hitler ist nicht zufällig an die Macht gekommen.

Die deutsche Bevölkerung war sehr arm, unterernährt und kämpfte ums Überleben. Dann kam ein charismatischer und opportunistischer junger Parasit daher, der der Bevölkerung eine bessere Zukunft versprach.

Wie immer entzogen sich die eigentlichen Schuldigen für diese katastrophale Situation, d. h. die Zentralplaner und die von ihnen geschaffene Geldinflation, jeglicher Kritik, und stattdessen wurde die Schuld in Deutschland weitgehend der jüdischen Gemeinschaft zugeschoben.

Was dann geschah, war eine der dunkelsten Perioden der Menschheitsgeschichte und braucht in diesem Buch nicht weiter ausgeführt zu werden

Die Gegenwart

Seit der globalen Finanzkrise 2008 erleben wir das Ende des aktuellen langfristigen Schuldenzyklus.

Die globalen Zentralplaner haben ihre jeweiligen Währungsbestände exzessiv manipuliert und ihre Zinssätze gegen Null gedrückt.

Werfen Sie heute einen Blick auf den Verfall der Gesellschaft. Haben wir einen zunehmenden Populismus? Haben wir eine mehr oder weniger autoritäre Führung? Konzentriert sich der

Energienutzung

Reichtum in den Händen einiger weniger? Steigen die Spannungen zwischen den Nationalstaaten? Das ist kein Zufall.

Ok, atmen Sie einfach durch. Bitcoin repariert dies.

Bitcoin bietet der Menschheit die Möglichkeit, aus diesem Spiel der Geldmanipulation auszusteigen. Bitcoin bietet dem Einzelnen eine Möglichkeit, seine verbrauchte Zeit und Energie außerhalb des derzeitigen Systems zu speichern.

Bitcoin bietet einen Mechanismus, um Zentralplaner und ihre lächerlichen ideologischen Kreuzzüge zu entmachten. Wenn die Welt den Bitcoin einführt, in ihm handelt und seinen Wert speichert, dann könnten die Zentralplaner so viele Währungseinheiten schaffen, wie sie wollen, aber sie wären nicht in der Lage, Kaufkraft zu schaffen und damit Einfluss auf andere zu nehmen. Damit würden sie in der Bedeutungslosigkeit verschwinden.

Das nächste Mal, wenn Sie eine lächerliche Schlagzeile hören, wie z. B. Bitcoin ist

Energienutzung

verschwenderisch oder Bitcoin wird nur von Kriminellen benutzt,[19] fragen Sie sich, ob die Person, die diese Dinge sagt, von dem aktuellen System der Unterdrückung profitiert? Dann fragen Sie sich, warum sollte jemand so gegen den einvernehmlichen Austausch von Privateigentum sein? Es scheint eine seltsame Position für jemanden mit Integrität zu sein, die er vertritt und verteidigt.

Wenn wir in einer Welt lebten, in der die Bevölkerung friedlich miteinander handelt und Werte austauschen wollte, in der die Bevölkerung Freiheit wollte und in der die Bevölkerung sinnlose Kriege und nukleare Zerstörung vermeiden wollte, dann wäre es sinnvoll, dass die Basisschicht der Gesellschaft ein digitales, dezentralisiertes, Peer-to-Peer-Geld mit einer festen, unveränderlichen und vorprogrammierten Menge ist.

---

[19] Eine kleine, aber nicht vollständige Liste von Gegenständen, die auch von Kriminellen verwendet werden: Wasser, Feuer, Luft, Kleidung, Werkzeuge, Autos, Bücher, das Internet, Gebäude und der US-Dollar.

Energienutzung

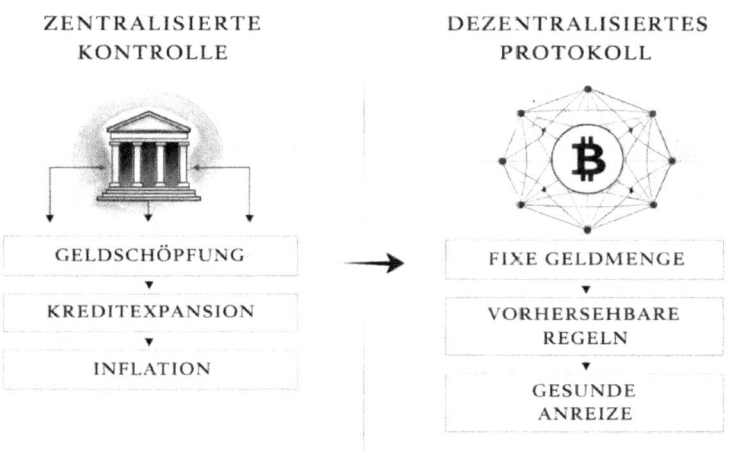

Energienutzung

KAPITEL 7

Energienutzung

Ein häufiger Kritikpunkt an Bitcoin ist, dass das Netzwerk Energie verschwendet. Auf den ersten Blick scheint dies eine echte Sorge zu sein. Wäre man in einer Position, in der man Geld, die Geschichte des Geldes, die Bedeutung des Geldes und die Zerstörung, die durch den Zugang von Regierungen zu

Finanzmitteln durch eine Fiat-Druckmaschine verursacht wird, nicht versteht, dann würde man möglicherweise die Meinung vertreten, dass Bitcoin Energie verschwendet.

Hoffentlich haben Sie inzwischen verstanden, wie wichtig es ist, ein unbestechliches Geld zu haben. Aber selbst wenn Sie das nicht täten, wer sind *Sie*, um zu entscheiden, welche Energienutzung als verschwenderisch gilt und welche nicht?

Normalerweise denken die Kritiker des Energieverbrauchs des Bitcoin-Netzwerks nicht mehr als eine Ebene tiefer. Ihr Gedankengang lautet: Bitcoin verbraucht Energie, Bitcoin ist nutzlos, also verschwendet Bitcoin Energie.

Die Behauptung, dass Bitcoin nutzlos ist, zeugt von einer tiefen Unkenntnis der Geschichte des Geldes und der Regierungen, aber ich werde den Gedanken um der Leser willen in Betracht ziehen.

Wenn die Nutzer einer Sache bereit sind, mit ihren eigenen Mitteln dafür zu bezahlen, dass sie Energie für diese Sache aufwenden, müssen sie diese Sache von Natur aus wertschätzen, sonst würden sie es

Energienutzung

nicht tun. Daher kann die Energie nicht als verschwendet angesehen werden.

Indem sie dieses Etwas bewerten, stimmen die Nutzer also mit ihren eigenen Ressourcen darüber ab, dass dieses Etwas tatsächlich wertvoll und die Energie wert ist, die sie bereitwillig aufwenden. Ich persönlich bin der Meinung, dass das Bitcoin-Netzwerk um Größenordnungen mehr Energie verbrauchen könnte, als es derzeit verbraucht, und es wäre es trotzdem wert.

Zweitens ist eine weitere, häufig geteilte „Logik" der Gegner des Energieverbrauchs des Bitcoin-Netzwerks: Bitcoin verbraucht X Watt pro Transaktion, während Visa nur X pro Tausende von Transaktionen verbraucht.[20]

Der fehlende Teil dieses Arguments ist folgender: Wie viel Energie wird verbraucht, um alle Mitarbeiter von Visa zu beschäftigen und sie dann

---

[20] Dies ist auch Schwachsinn dank einer zweiten Schicht, die auf dem Bitcoin-Protokoll aufbaut und als „Lightning Network" („Blitznetzwerk") bezeichnet wird. Dieses Protokoll der zweiten Schicht kann derzeit bis zu einer Million Transaktionen pro Sekunde abwickeln, sofort, und das für Bruchteile eines Cents pro Transaktion und dies mit minimalem Energieaufwand.

Energienutzung

zur Arbeit und zurück zu bringen? Wie viel Energie wird in allen Gebäuden von Visa verbraucht? Wie viel Energie wird für die Beilegung von Zahlungsstreitigkeiten bei Visa verbraucht? Wie viel Energie wird für Firmenjets verbraucht, die Visa-Führungskräfte rund um den Globus fliegen? Nehmen Sie jetzt Mastercard. Dann PayPal. Dann Wells Fargo. Dann JPMorgan. Dann Goldman Sachs. Dann jede andere Bank in Amerika. Dann jede Bank der Welt. Berechnen Sie dann, wie viel Energie von den Regierungen verschwendet wird. Wie viel produktives Kapital wird von den Regierungen geplündert, falsch zugeteilt und zerstört? Wie viel Energie wird für Kriege verschwendet, die bei einem gesunden Geldstandard unbezahlbar wären? Wie viel Energie wird für die Bombardierung des Nahen Ostens vergeudet? Wie viel Energie wird für das Petro-Dollar-System der Vereinigten Staaten verschwendet?[21] Wie viel Energie wird vergeudet,

---

[21] Das US-Petro-Dollar-System wurde 1973 eingeführt, als sich die OPEC-Länder bereit erklärten, ihr Öl nur noch gegen Dollar zu verkaufen, die dann in die US-Schatzkammern flossen, um die üppigen Ausgaben der US-Regierung weiter zu finanzieren. Dies

Energienutzung

wenn Preissignale verzerrt und Unternehmer zum Schlachthof des Kapitals geführt werden? Ich könnte so weitermachen, aber Sie wissen, worum es geht.

Die Liste der oben genannten Punkte übersteigt bei weitem jede Menge Energie, die Bitcoin möglicherweise verbrauchen oder „verschwenden" könnte. Aber noch einmal: Es ist keine Verschwendung, wenn die Energie, die für das Bitcoin-Netzwerk aufgewendet wird, von freiwilligen Teilnehmern stammt.

Bitcoin nutzt auch Energie, die sonst verschwendet werden würde. Zum Beispiel können schädliche Gase, die sonst verschwendet würden und deren Entsorgung Kosten verursachen würde, nun für das Mining von Bitcoin verwendet und zu Geld gemacht werden.

Verlassene, netzferne Gebiete, die über reichlich Energiequellen verfügen, können kapitalisiert und diese Energie nutzbar gemacht und monetarisiert

---

geschah im Gegenzug dafür, dass die USA den OPEC-Staaten Schutz gewährten.

Energienutzung

werden. Länder, die über natürliche, energiereiche Ressourcen wie Wasserfälle und Vulkane verfügen, können sich diese Energie zunutze machen und Bitcoin abbauen.[22]

Bitcoin-Mining kann zur Unterstützung und Stärkung ineffizienter Stromnetze eingesetzt werden. Energie ist schwer zu entsorgen, wenn zu viel davon erzeugt wird. Aber ein Netz, das mit Bitcoin-Minern verbunden ist, kann das Netz überschüssige Energie produzieren lassen und Bitcoin-Mining-Anlagen aktivieren, wenn es einen Stromüberschuss gibt, und sie wieder abschalten lassen, wenn die Nachfrage nach Energie höher als gewöhnlich ist.

Mit der Monetarisierung der überschüssigen Energie durch das Bitcoin-Mining-Verfahren könnten die Bürger vor Ort kostenlos mit Energie im Überfluss versorgt werden.

Mit der uns heute zur Verfügung stehenden Technologie gibt es keine Entschuldigung für

---

[22] El Salvador ist in dieser Hinsicht Vorreiter. Das Land plant, die geothermische Energie eines seiner Vulkane zu nutzen, um daraus Bitcoin zu gewinnen.

Energienutzung

einen Zusammenbruch des Energienetzes oder eine Energieknappheit. Derartige Engpässe sind zentral geplante Rückschritte.

Wenn wir Energie im Überfluss haben wollen, sollten wir ein digitales, dezentralisiertes Peer-to-Peer-Geld mit einer festen, unveränderlichen und vorprogrammierten Menge verwenden.

Energienutzung

KAPITEL 8

Bewertung von Bitcoin

*B*itcoin hat einfach keinen inneren Wert, verkündete der westliche, finanziell privilegierte Milliardär.

Bitcoin könnte niemals wertlos werden, und zwar aus einem einfachen Grund: Wert ist subjektiv. Eine schockierende Aussage, wenn man ein Wirtschaftsstudium absolviert hat.

Ich werde euch Akademikern einen Moment Zeit zum Durchatmen geben, nachdem ihr euch dieser tiefgreifenden Offenbarung bewusst geworden seid.

Wenn Wert subjektiv ist und ich, der Autor, dem Bitcoin-Netzwerk subjektiv Wert beimesse, dann kann Bitcoin nicht als wertlos betrachtet werden.

Es gibt zwei Arten, die sich im Lager der „Wertlosen" aufhalten. Es gibt die wirtschaftlich Unwissenden, diejenigen, die das Konzept des Geldes und die Geschichte der Regierungen, die ihre Macht zur Manipulation des Geldes missbrauchen, nicht verstehen. Dann gibt es die Leute, die alles verstehen, aber ihre privilegierte Position in ihrer cantillonschen Umlaufbahn des Geldbrunnens schützen wollen. Diese Leute sagen, dass sie keinen Wert in Bitcoin sehen, weil sie keinen Wert in individuellen Rechten, Freiheit und Unabhängigkeit sehen.

Was ist der Wert von Bitcoin?

Subjektiv schätze ich den Wert von 1 Bitcoin am besten wie folgt ein:

Bewertung von Bitcoin

Der Wert von allem, was es derzeit auf dem Weltmarkt zu kaufen gibt, plus alles, was jemals geschaffen und auf den Markt gebracht werden wird, allein berücksichtigt auf die Gegenwart und dann geteilt durch 21 Millionen.

Mit anderen Worten: viel mehr als die derzeitige Bewertung.

Die aktuelle Marktkapitalisierung von Bitcoin beläuft sich zum Zeitpunkt der Erstellung dieses Artikels auf rund 0,6 Billionen Dollar.

Die Marktkapitalisierung des gesamten Goldes auf der Welt beträgt etwa 12 Billionen Dollar. Wir haben bereits gesehen, dass Bitcoin dem Gold als Geldform weit überlegen ist.

Eine Marktkapitalisierung von 12 Billionen Dollar für Bitcoin würde einen Kaufkraftzuwachs von etwa dem 20-fachen des aktuellen Wertes bedeuten. In diesem Szenario würde ein Bitcoin also ungefähr 650.000 Dollar entsprechen (in heutigen nominalen Dollars). Man könnte auch argumentieren, dass Gold derzeit ebenfalls unterbewertet ist, aber um die Argumentation zu

Bewertung von Bitcoin

vereinfachen, werde ich darauf nicht näher eingehen.

Globale Aktien haben zum Zeitpunkt der Erstellung dieses Berichts eine Marktkapitalisierung von insgesamt etwa 115 Billionen Dollar. Der Großteil dieser Aktien dient den Eigentümern als Vermögensspeicher, um der Entwertung des Fiat-Geldes zu entgehen.

In einer Welt, die in Bitcoin denominiert ist, würden die aktuellen Gewinnmultiplikatoren für Aktien drastisch sinken. Der „risikofreie Zinssatz" würde nicht mehr als risikofrei gelten, und die Aktienmarktteilnehmer würden beginnen, neue, ehrliche, freie und offene Zinssätze in ihre Multiplikatoren einzurechnen. Es gäbe kein leicht verdientes Geld mehr, das in Aktien fließt.

Im Jahr 1980 war die gesamte Marktkapitalisierung von Gold, der reinsten Form von gesundem Geld, gleich der gesamten Marktkapitalisierung der weltweiten Aktien.

Obwohl ich glaube, dass es noch schlimmer sein wird, gehe ich davon aus, dass Bitcoin, die reinste

Form des Geldes von heute, die Hälfte der Wirtschaftskraft der globalen Aktien auffrisst und gleich groß wird. Dies würde eine Marktkapitalisierung für Bitcoin von etwa 62,5 Billionen Dollar bedeuten. Das ist etwa das 100-fache des aktuellen Dollarpreises. Dies würde Bitcoin einen ungefähren Preis von 3.250.000 Dollar pro 1 BTC bescheren..

Ok, wir haben also unseren Gaumen mit diesen kleinen Vorspeisen vorbereitet. Jetzt ist es Zeit für Bitcoins Hauptgericht. Die globalen Schuldenmärkte.

Das Vermögen, das derzeit auf dem globalen Anleihemarkt „gelagert" wird, beläuft sich auf etwa 120 Billionen Dollar. Das heißt, 120 Billionen Dollar an Fiat-Verträgen in Währungen, die garantiert an Wert verlieren werden!

Ich glaube, dass Bitcoin den Anleihenmarkt in seiner Gesamtheit verschlingen wird. Wenn sich der Staub gelegt hat, mag hier und da noch ein Rest von Schulden übrig sein, aber es scheint ziemlich vernünftig, davon auszugehen, dass Bitcoin 99%

Bewertung von Bitcoin

der wirtschaftlichen Energie, die derzeit in Anleihen gespeichert ist, absorbieren wird.

Das soll nicht heißen, dass der Nominalwert von Anleihen nicht steigen wird. Der Anleihemarkt wird wahrscheinlich zu einer Billion oder Quadrillion Dollar anwachsen, die Frage ist nur, wie viel Kaufkraft das haben wird.

Wenn Bitcoin den Anleihemarkt auffrisst, dann kommen zur Marktkapitalisierung von Bitcoin etwa weitere 100 Billionen Dollar (zum heutigen nominalen Dollarwert) hinzu. Das entspricht ungefähr weiteren 5.500.000 Dollar pro Bitcoin, zusätzlich zu den bestehenden 3.250.000 Dollar.

Dann geht es weiter mit dem Immobilienmarkt, der mit weiteren 400 Billionen Dollar seine monetäre Energie in die Umlaufbahn von Bitcoin ziehen wird.

Ich habe bereits in Kapitel 5 *„Digitaler Energieball"* über das Wohnen gesprochen und erörtert, warum der Teil der wirtschaftlichen Energie, der derzeit im Immobilienmarkt gespeichert ist, in das Bitcoin-Geldnetzwerk übergehen wird.

Bewertung von Bitcoin

2022 Market Cap Comparisons

Gold — $12 Trillion

Housing Market — $400 Trillion

Bitcoin — $0.6 Trillion

Es sollte betont werden, dass es sich bei allen oben genannten Zahlen um heutige nominale Dollarwerte handelt. Wenn Bitcoin in der Zukunft auf 10.000.000 $ pro Münze steigt, wird er tatsächlich an „realem" Wert verloren haben, wenn ein Laib Brot dann 100.000 $ kosten würde.

Es ist wichtig, sich über den „Nenner" und die „Kaufkraft", die man hat, im Klaren zu sein. Bitcoin ist mein Nenner, aber ich muss die Dinge in Dollar ausdrücken, um das, was ich zu vermitteln versuche, zu übersetzen.

Bewertung von Bitcoin

Damit es zu einem *realen* Zuwachs an wirtschaftlichem Wohlstand kommt, müsste jede Einheit, die ich in der von mir gewählten Rechnungseinheit besitze, die Möglichkeit bieten, durch einvernehmlichen Austausch eine größere Menge und/oder eine bessere Qualität des von *mir* ausgewählten Warenkorbs und der Dienstleistungen zu erwerben. Wenn dies der Fall wäre, hätte ich ein Wachstum meines eigenen *realen* wirtschaftlichen Reichtums erfahren.

Umgekehrt, wenn ich eine Lohnerhöhung von 10 % erhalte, aber mein spezifisch ausgewählter Warenkorb an Waren und Dienstleistungen um 25 % im Verhältnis zu meiner Rechnungseinheit gestiegen ist, dann habe ich zwar eine nominale Lohnerhöhung erhalten, aber einen erheblichen Rückgang meines *realen* wirtschaftlichen Vermögens erfahren (vorausgesetzt, ich besitze keine anderen Vermögenswerte oder Gelder, um diesen Kaufkraftverlust auszugleichen).

Der Punkt ist, dass Bitcoin die beste Form von Geld ist, die je existiert hat. Aus Gründen, die bereits in diesem Buch erläutert wurden, ist er den

Fiat-Währungen moralisch und technisch überlegen. Aber aufgrund des derzeitigen Mangels an Verständnis dafür, was *genau* Bitcoin ist, ist es auch die beste asymmetrische Möglichkeit zur Steigerung des eigenen realen wirtschaftlichen Wertes, die ich je gesehen habe, weder in der Vergangenheit noch in der Gegenwart.

Wenn ich falsch liege, dann dient der Bitcoin vielleicht *nur* als Vermögensspeicher und ist nicht so beliebt wie Gold, so dass er nur um das 10-fache von seinem aktuellen Stand steigt.

Wenn ich jedoch Recht habe, und sei es auch nur fast, dann ist die aktuelle Bewertung eine erstaunlich einseitige Chance.

Es gibt etwa 56 Millionen Fiat-Millionäre auf der Welt. Es gibt auch etwa 2.600 Fiat-Milliardäre auf der Welt. In einer Welt, in der Bitcoin das gängige Tauschmittel und die Rechnungseinheit ist, könnten diese Menschen zusammen nicht mehr als 0,35 Bitcoin pro Person besitzen. Das ist zum Zeitpunkt der Erstellung dieses Artikels etwa 11.000 Dollar wert. Dabei sind die geschätzten verlorenen Münzen und die anderen 8 Milliarden

Bewertung von Bitcoin

Menschen auf dem Planeten noch gar nicht mit eingerechnet!

Bitcoin ist darauf programmiert, gegenüber Fiat-Währungen zu steigen. Menschen sind darauf programmiert, ihre eigenen Interessen zu verfolgen.

Mit den Worten des großartigen Kanadiers Greg Foss:

„Es ist nur Mathe"

Und mit den Worten des konträren Makro-Investors David Hunter: *„Beobachte und lerne".*

Bewertung von Bitcoin

KAPITEL 9

Der große Filter

Wenn Sie das Gefühl haben, dass dieser Abschnitt ein wenig schräg ist, kann ich Ihnen versichern, dass ich ihn selbst viele Male gelesen und wieder gelesen habe, und ich stimme Ihnen vollkommen zu.

Ich möchte Ihnen jedoch ein Gedankenexperiment vorschlagen, das eher philosophischer Natur ist:

Der große Filter

Wenn es jemals eine hochintelligente außerirdische Zivilisation gegeben haben sollte, die vor unserer eigenen Zivilisation existiert hat, dann würde diese Spezies angesichts der ihr verliehenen Intelligenz wahrscheinlich schnell von primitiven Aggressionen gegeneinander abrücken. Sie würden wahrscheinlich die gegenseitigen Vorteile eines einvernehmlichen Handels erkennen und in der Folge Handel treiben.

Diese Spezies hätte wahrscheinlich auch hierarchische Strukturen und ein System zum Schutz von Privateigentum. Wie wir wissen, bricht der Handel ohne das Recht auf Eigentum an Privateigentum zusammen.

Wenn diese Spezies miteinander Handel treiben und sich als Spezies weiterentwickeln würde, würde sie wahrscheinlich auch Geld verwenden, so wie wir es tun, um den Handel zu erleichtern und das Problem der doppelten Deckung der Bedürfnisse zu lösen, wodurch ihr Wohlstandsniveau als Spezies weiter gesteigert würde.

Der große Filter

Sie würden dann wahrscheinlich den Prozess des freien Marktes durchlaufen, um herauszufinden, welches Gut die beste Rolle als Geldform spielt, und sie würden sich schließlich aus den in den vorangegangenen Kapiteln erörterten Gründen auf ein Universalgeld einigen.

Diese Spezies, die sich dann für die von ihr gewählte überlegene Form des Geldes entschieden hat, würde wahrscheinlich eine bedeutende Periode des technischen Fortschritts und des Wohlstands erleben.

Wenn diese außerirdische Zivilisation neugierig war, was sie angesichts ihres vermuteten Intelligenzniveaus sein müsste. Dann würden sie wahrscheinlich ein System auf ihr Geldsystem aufsetzen, um die Geschwindigkeit und Schnelligkeit von Zahlungen zu optimieren.

Dies würde wahrscheinlich zu einem Zentralisierungsprozess der Geldversorgung führen, auf dem ein kreditbasiertes System aufgebaut würde. Diese Spezies würde dann wahrscheinlich in einer Situation enden, die unserer heutigen sehr ähnlich ist.

Der große Filter

Wo geht's lang, westlicher Außerirdischer?

Warum haben wir angesichts der Ausdehnung unserer Galaxie und der Ausdehnung aller Galaxien in unserem unvorstellbar ausgedehnten Universum und all der Planeten, die um sonnenähnliche Sterne in unserem Universum kreisen, noch keine Beweise für andere intelligente Lebensformen gesehen?

Wir könnten möglicherweise die Folge von etwas sein, das unser Vorstellungsvermögen bei weitem übersteigt. Wir könnten in einer Simulation leben, die von einer wirklich intelligenten Spezies initiiert wurde, die sich über meine Behauptung lustig macht, die menschliche Rasse sei „intelligent". Es könnte eine unendliche Anzahl von Universen geben, und dieses hier ist dem Menschen gewidmet. Ich könnte meine Zeit mit diesem Buch vergeuden, weil es meine eigene Simulation ist. Es könnte eine „Verschwörung" geben. Oder vielleicht wäre eine Erklärung, dass eine Gesellschaft, die sich tief genug entwickelt hat, aus den gleichen Gründen immer den gleichen Weg einschlägt, und dann, wenn die Technologie

Der große Filter

exponentiell voranschreitet, wird die Macht als natürliches Nebenprodukt der Zentralisierung ihres monetären Konstrukts immer mehr zentralisiert.

Wäre dies der Fall, so würden die zentralisierten Organe der Hoheitsgebiete im Weltraum und/oder auf dem Land Waffen für die Verteidigung der von ihnen kontrollierten Gebiete entwickeln.

In dem Maße, wie sich ihre Technologien weiterentwickeln, werden auch ihre Waffen weiterentwickelt. Vom spieltheoretischen Standpunkt aus betrachtet, wäre dies unvermeidlich.

Das Zentralisierungsproblem würde sich wahrscheinlich verschärfen, und kleinere Gebiete würden wahrscheinlich in die Kontrolle der größeren Gebiete übergehen.

Schließlich, nach Jahrhunderten oder vielleicht sogar Jahrtausenden dieses Prozesses, würden die Waffen so fortschrittlich und die verbleibenden Gerichtsbarkeiten so groß werden, dass jeder

Der große Filter

Konflikt zwischen den Gerichtsbarkeiten zu einer vollständigen und totalen Auslöschung führen würde.

Wenn eine außerirdische Zivilisation ein digitales, dezentralisiertes Peer-to-Peer-Geld mit fester, unveränderlicher und vorprogrammierter Menge erfunden hätte, dann könnten wir vielleicht miterleben, wie ihre Gesellschaft auf einem fernen Planeten floriert. Wer weiß?

Vielleicht bin ich einfach zu optimistisch für Bitcoin und muss einen Platz für Staatsanleihen in meinem Portfolio finden... *HAHA*.

Um das klarzustellen, falls es anders rübergekommen sein sollte: Dies ist nur ein Gedankenexperiment, kein wahrscheinlicher Ausgang! Sicher ist jedoch, dass wir dieses Gedankenexperiment nicht bis zum Ende durchspielen müssen.

Es ist eher eine Darstellung dessen, was sein könnte oder nicht sein könnte, nicht dessen, was gewesen ist oder nicht gewesen ist.

Der große Filter

Ich würde es vorziehen, wenn die Menschheit nicht herausfinden müsste, ob wir durch Fiat vernichtet werden oder nicht. Aber wenn ich das sage, bin ich mir bewusst, dass ich wie ein Klimahysteriker klinge, der den Weltuntergang vorhersagt.

Abgesehen davon habe ich Beweise, die meine Behauptungen untermauern, dass Fiat im Zeitalter von Bitcoin ein unnötiges Übel für die Welt ist. Die Klimahysteriker hingegen haben kein solches Gewicht hinter ihren Argumenten.

Ich werde hier nicht weiter auf Klimafragen eingehen, aber ich werde die folgenden Fragen stellen, und Sie können sich selbst ein Bild machen. Werden die Klimawissenschaftler von fiat-finanzierten Regierungen finanziert? Ja oder nein? Wenn ja, deuten die von diesen staatlich finanzierten „Wissenschaftlern" vorgebrachten Lösungen auf mehr oder weniger staatliche Eingriffe und Ausgaben hin? Ja oder nein? Wenn ja, führen diese Eingriffe dazu, dass die Regierung mehr oder weniger Macht erhält?

Der große Filter

Um ein beliebtes Meme zu zitieren, scheint die Antwort immer zu lauten: „Gelddrucker machen brrrrr."

„Zeigen Sie mir den Anreiz und ich zeige Ihnen das Ergebnis." [23]

Anstatt dass sich die Menschheit auf einen Weg der vollständigen und totalen Zerstörung begibt, glaube ich, dass die Menschheit an der Schwelle zu einer großartigen und schönen Renaissance steht, die zu einem dramatischen Anstieg des globalen Lebensstandards führen wird.

Dies wird mit der Schrumpfung und dem Bankrott der unterdrückerischen Nationalstaaten zusammenfallen.[24] Gleichzeitig werden Milliarden von derzeit unterdrückten Individuen rund um den Globus befreit und jeder erhält die Möglichkeit, seine wertschöpfenden Ideen gewinnbringend zu verfolgen und in exponentieller Freiheit zu gedeihen.

---

[23] Die Ironie dieses Zitats, das von einem Nutznießer des Cantillon-Effekts stammt, der zufällig eine Abneigung gegen Bitcoin hat, ist einfach poetisch.
[24] Aber wer wird die Straßen bauen?

Der große Filter

Freier und offener Handel, weltweit, ermöglicht durch ein digitales, dezentralisiertes Peer-to-Peer-Geld mit einer festen, unveränderlichen und vorprogrammierten Menge.

Wenn wir das Geld in Ordnung bringen können. können wir vielleicht auch die Welt in Ordnung bringen.

Der große Filter

KAPITEL 10

Wie sähe die Welt aus, wenn wir das Geld reparieren würden?

Besser.

Nächste Seite...

Wie sähe die Welt aus, wenn wir das Geld reparieren würden?

Im Ernst, viel besser.

Wie sähe die Welt aus, wenn wir das Geld reparieren würden?

Ok, Spaß beiseite, ich werde tatsächlich versuchen, meine eigene Frage zu beantworten, die ich Ihnen gestellt habe.

Zunächst einmal wäre die Welt frei von den Fesseln der zentralen Planer und ihrer schädlichen Modelle.

Individuelles menschliches Handeln ist unvorhersehbar und unwägbar, es ist nicht modellierbar. Dennoch haben staatlich finanzierte Wissenschaftler fast ein Jahrhundert lang versucht, jeden Aspekt der Gesellschaft und unseres Lebens zu modellieren und zu planen, von der Ernährung über die Wirtschaft und den Energieverbrauch bis hin zur „Eindämmung" der Ausbreitung von Infektionskrankheiten...

Sie werden nicht *„nichts besitzen und glücklich sein"*. Sie werden Ihren gerechten Anteil an dem Wert besitzen, den Sie der Gesellschaft durch die Zeit und Energie, die Sie dafür aufgewendet haben, zur Verfügung gestellt haben. Dadurch werden Anreize für Kapitalwachstum geschaffen und die Zeitpräferenzen sinken.

Wie sähe die Welt aus, wenn wir das Geld reparieren würden?

Die Welt würde ein reichhaltigeres Umfeld für die menschliche Gesellschaft werden.

Mit der Einführung von Bitcoin als globales Geld würde die Möglichkeit für Regierungen und Bürokraten, eine Inflationssteuer auf ihre Untertanen zu erheben, um ihren Betrieb zu finanzieren, schnell abnehmen. Die Nachfrage nach bedruckbaren Papierstücken oder leicht zu erstellenden Ziffern in einem Hauptbuch der Zentralbank würde sich in Luft auflösen. Das meiste, wenn nicht sogar die gesamte Kaufkraft, die in den von Regierungen ausgegebenen Währungen verbleibt, würde vernichtet.

Wenn diese Macht erschöpft ist, können sich die Regierungen nur noch dadurch finanzieren, dass sie tatsächlich einen Wert für die Gesellschaft erbringen - eine bizarre Vorstellung für die meisten Regierungsbeamten.

Allgemeine wirtschaftliche Auswirkungen

Ehrliches Geld würde die Größe und den Umfang des Staates massiv verringern und damit allen

Wie sähe die Welt aus, wenn wir das Geld reparieren würden?

kapitalvernichtenden Programmen und Initiativen der Regierung ein Ende setzen.

Der Abbau regulatorischer Hemmnisse und der Bürokratie im Allgemeinen würde ein reibungsloses Funktionieren der freien Marktprozesse ermöglichen.

Adam Smiths *„unsichtbare Hand"* würde wahrscheinlich anstelle der hemmenden eisernen Faust der Regierungen ein dringend benötigtes Comeback erleben. Diese Befreiung der Märkte würde es ermöglichen, Waren und Dienstleistungen effizienter auf den Markt zu bringen, so dass die Verbraucher mehr für weniger Geld bekommen können.

Familiäre Auswirkungen

Die Abschaffung des Staates als Unterstützungssystem würde den zerstörerischen Wohlfahrtssystemen, die derzeit in den meisten

Wie sähe die Welt aus, wenn wir das Geld reparieren würden?

westlichen Demokratien bestehen, ein Ende setzen.[25]

Dies würde dann die Rückkehr zu familiären Werten erleichtern. Die Familieneinheit wird wieder ein notwendiger Bestandteil des Lebens werden, wenn es keine staatlichen Hilfen gibt. Der Verzicht auf einen „großen Bruder", auf den man zurückgreifen kann, wird die Bindungen zwischen den Familienmitgliedern der verschiedenen Generationen stärken.

Entfernte oder nicht vorhandene Elternfiguren werden wahrscheinlich eine Seltenheit und nicht die Norm sein. Engere Familien werden auch zu engeren Gemeinschaften führen.

Wenn Eltern nicht mehr im Hamsterrad laufen und versuchen, mit der Inflation Schritt zu halten, können sie mehr Zeit mit ihren Kindern verbringen und ihnen reale Werte und Grundsätze vermitteln.

---

[25] Ich empfehle die Lektüre von *„Demokratie, der Gott der keiner ist"* von *Hans-Hermann Hoppe* für eine brillante Darstellung der oft unausgesprochenen Schwächen der Demokratie.

Wie sähe die Welt aus, wenn wir das Geld reparieren würden?

Die akademische Welt

Wenn Bitcoin Geld und Staat trennt wird die Propagandamaschine der Fiat-Akademie den Zugang zu ihrer Finanzierung verlieren. Dies wird dann zur Trennung von Bildung und Staat führen.

Auf diese Weise werden Schwärme intelligenter junger Menschen nicht mehr an staatlich finanzierten Indoktrinationslagern teilnehmen, um über die Vorteile einer Politik belehrt zu werden, die den Umfang und die Reichweite der Regierung vergrößert.

Die keynesianische Wirtschaftslehre wird so lächerlich peinlich werden wie damals der feste Glaube der Kirche, als sie ihrer Gemeinden lehrte, dass sich die Sonne um die Erde drehen würde.

Den Kindern werden stattdessen Werte und Grundsätze vermittelt und sie lernen, wie die Dinge in der realen Welt funktionieren, und nicht, wie ein Professor sich die Dinge in seinen Lehrbüchern und Modellen vorstellt. Wenn sie überhaupt eine Schule besuchen, denn das wäre

Wie sähe die Welt aus, wenn wir das Geld reparieren würden?

entweder eine lokale oder eine elterliche Entscheidung.

Gewalt

Mit dem Schrumpfen der Nationalstaaten würden die Konflikte und Spannungen zwischen den Nationalstaaten abnehmen und nachlassen.

Protektionistische Rhetorik würde der Vergangenheit angehören. Ausländische Gemeinschaften und Gesellschaften würden es viel lieber vorziehen, einen gegenseitigen und vorteilhaften Handel miteinander zu betreiben (was natürlich durch eine gemeinsame Rechnungseinheit, den Bitcoin, erleichtert wird).

Nur selten, wenn überhaupt, geraten Gemeinschaften miteinander in Konflikt, wenn sie miteinander Handel treiben. Mit dem exponentiellen Anwachsen der Freiheiten begann der Frieden rund um den Globus zu gedeihen.

Monetäre Stabilität

Wenn die Welt Bitcoin als Geld verwenden würde, würde die gesamte derzeitige Volatilität von

Wie sähe die Welt aus, wenn wir das Geld reparieren würden?

Bitcoin verschwinden, die bei den auf Fiat lautenden Preisen zu beobachten ist. Liquidität reduziert die Volatilität und da die meisten, wenn nicht alle Menschen kollektiv ihre wirtschaftliche Energie in Bitcoin gespeichert haben, würde Bitcoin zum stabilsten und liquidesten Gut werden (das am besten verkaufbare Gut).[26]

Definitionsgemäß sind Rechnungseinheiten nicht volatil, da sie die Messlatte sind. Man würde zum Beispiel ein Thermometer nicht als volatil bezeichnen, weil sich die Temperatur ändert, oder man sollte es zumindest nicht tun.

Die derzeitigen Fiat-Währungen sind verformbare Messlatten, weshalb wir Phänomene wie die Inflation erleben. Die Inflation wird anachronistisch werden.

Wenn sich Bitcoin stabilisiert, wird seine wirtschaftliche Energie im Einklang mit den globalen Produktivitätssteigerungsraten zunehmen.

---

[26] Vielleicht gibt es einen Mann namens Peter, der immer noch Gold als Geld verwendet.

Wie sähe die Welt aus, wenn wir das Geld reparieren würden?

Zinssätze

Die Kreditaufnahme würde sich drastisch verlangsamen. Das Ausleihen einer Geldform, die Zeit- und Energieaufwand effizient speichert, würde zu einem riskanten Unterfangen, das eine sorgfältige Analyse erfordert.

Der Einzelne müsste sicherstellen, dass die von ihm geliehene Summe zur Finanzierung eines Vorhabens verwendet wird, das der Gesellschaft einen ausreichenden Nutzen bringt, so dass die Erträge den allgemeinen Anstieg des globalen Produktivitätsniveaus übertreffen. Alles, was unter diesem Schwellenwert liegt, würde zu einem wirtschaftlichen Verlust für den Kreditnehmer und möglicherweise zu einem vollständigen Verlust der geliehenen Mittel für den Kreditgeber führen.

Moderne Unternehmen, die Milliarden von Dollar einnehmen, aber jedes Jahr Hunderte von Millionen Dollar verlieren, würden aufhören zu existieren.

Wie sähe die Welt aus, wenn wir das Geld reparieren würden?

Die Vorlage einer EBITDA-Zahl (Gewinn vor Zinsen, Steuern und Abschreibungen) bei der Beantragung einer Finanzierung würde nicht mehr ernst genommen werden.

Die Kreditgeber müssen unbedingt versuchen zu berechnen, ob die Rendite des investierten Kapitals des Unternehmens, das eine Finanzierung beantragt, zufriedenstellend höher ist (um das mit der Kreditvergabe eingegangene Risiko zu kompensieren) als die realen Kaufkraftgewinne, die sich aus dem bloßen Halten eines Sparguthabens erzielen lassen.[27] Die Kreditgeber würden daher wissen wollen, wie hoch der tatsächliche Gewinn ist, d. h., das Nettoeinkommen.

Kapitalpflege und Wachstum

Die Unternehmen, die Geld und Kapital verschwendet haben, würden in Konkurs gehen. Die Aktionäre dieser schlecht geführten

---

[27] Ich kann spüren, wie die keynesianischen Ökonomen bei diesem Gedanken erschaudern. Nein, Inflation ist nicht notwendig, und nein, die Menschen würden nicht aufhören zu investieren, weil sie sicherstellen müssen, dass sie dabei kein Kapital vernichten.

Wie sähe die Welt aus, wenn wir das Geld reparieren würden?

Unternehmen würden ihre wirtschaftliche Energie verlieren, und an ihre Stelle würden bessere Kapitalverteiler treten, die das Kapital produktiver einsetzen.

Benachrichtigung: Schumpeter mag Ihren Kommentar.

Dies würde wahrscheinlich auch die Exponentialität des technologischen Fortschritts auf ein überschaubares Maß verlangsamen. Die Menschen würden nur noch wirklich wertmaximierende Projekte verfolgen.

Anleihenmärkte

Die globalen Anleihemärkte würden entweder zusammenbrechen oder gänzlich verschwinden, und die Kreditvergabe würde eher mit Kapitalbeteiligung einhergehen. Warum sollten Sie riskieren, Ihre gesparte Zeit und Energie zu verlieren, wenn Sie nicht am Aufwärtspotenzial der von Ihnen finanzierten Energieprojekte teilhaben können?

Wie sähe die Welt aus, wenn wir das Geld reparieren würden?

Da die Zinssätze nicht mehr zentral geplant sind, wird[28] der natürliche Zinssatz die Zentrifugalkraft der Zinssätze sein. Das heißt, der Zinssatz, der die Zeitpräferenzen der einzelnen Wirtschaftsteilnehmer zu jedem bestimmten Zeitpunkt widerspiegelt.

Vereinfacht gesagt: Je kurzfristiger die Menschen orientiert sind, desto mehr steigen die Zinsen, und je langfristiger die Menschen orientiert sind, desto niedriger werden die Zinsen.

Kultur

Wenn wir eine Gesellschaft hätten, der es erlaubt wäre, von der Verwendung ihrer überlegenen Geldform, d. h. Bitcoin, zu profitieren, dann würden die Zeitpräferenzen natürlich sinken.

Die Menschen bekämen mehr Sicherheit für ihre Ersparnisse und ihre unmittelbare Zukunft. Diese zusätzliche Sicherheit würde es den Menschen ermöglichen, ihren Zeithorizont zu verlängern und

---

[28] Die Manipulation der Kapitalkosten wird wahrscheinlich als anachronistische Kuriosität betrachtet werden.

Wie sähe die Welt aus, wenn wir das Geld reparieren würden?

nicht nur an ihre Zukunft zu denken, sondern auch an die Zukunft der kommenden Generationen.

Kunst und Architektur würden wahrscheinlich wieder aufblühen. Künstler und Architekten würden ihre persönlichen Zeitpräferenzen senken, und da sie mehr wirtschaftliche Sicherheit in Bezug auf ihr Geld haben, könnten sie längerfristige Projekte in Angriff nehmen, bei denen Qualität und Langlebigkeit im Vordergrund stehen.

Wer wird der/die Bitcoin-Michelangelo(s) sein?

Exponentieller Wohlstand

Genauso wie wir derzeit in einer Fiat-Schleife stecken, in der es heißt: Inflation oder Pleite, was zu mehr Inflation führt, um die Pleite zu vermeiden, und so weiter. Die Gesellschaft würde sich auf einer sich selbst verstärkenden Wachstumsreise befinden, die darin besteht, dass Geld seine wirtschaftliche Energie speichert, was zu einer Senkung der allgemeinen Zeitpräferenzen führt, was wiederum zu einem Anstieg der Ersparnisse führt, was zu mehr

Wie sähe die Welt aus, wenn wir das Geld reparieren würden?

Kapitalinvestitionen führt, was mehr wirtschaftlichen Fortschritt schafft, was zu mehr Wohlstand und steigendem Lebensstandard führt, was wiederum die Zeitpräferenzen weiter senken würde, so würden weiter wir uns dauerhaft verbessern.

Abschließende Überlegungen

Alle oben genannten Abschnitte sind lediglich meine Schätzungen von wahrscheinlichen Ergebnissen auf der Grundlage der menschlichen Handlungen, die aufgrund der Anreize des neuen Geldsystems wahrscheinlich eintreten werden.

Um das Ganze also etwas zu vereinfachen und um mich nicht zu übernehmen, wird die Welt, die Bitcoin als Geld verwendet, anders sein;

Einfach besser.

Bitcoin sorgt für eine bessere und gerechtere Zukunft. Denn wir wollen nicht das Geld an sich. Wir wollen die *Dinge, die wir* mit Geld kaufen können.

Wie sähe die Welt aus, wenn wir das Geld reparieren würden?

Tag und Nacht für eine Form von Geld zu arbeiten, dessen wirtschaftliche Energie von einem zentralisierten Knotenpunkt abgezogen wird, ist ein unnötiges Übel, das Milliarden von Menschen auf der ganzen Welt aufgezwungen wurde.

Mit einem digitalen, dezentralisierten Peer-to-Peer-Geld mit fester, unveränderlicher und vorprogrammierten Menge können Sie Ihre eigene wirtschaftliche Souveränität zurückgewinnen.

Sie können aus diesem Spiel der Nötigung und des Diebstahls aussteigen und sich für ein Spiel entscheiden, das aus Regeln ohne Herrscher besteht und in dem jeder gleich behandelt wird.

Bitcoin kennt oder kümmert sich nicht um Ihre Herkunft, Ihr Geschlecht, Ihre Religion, Ihre Haarfarbe, Ihre Fußballmanschaft oder Ihre Pronomen. Bitcoin ist unpolitisches Geld.

Bitcoin ist nur Software und Code. Die Alternative ist politische Herrschaft durch das Dekret einiger weniger.

Fiat ist exponentielle Sklaverei.

Wie sähe die Welt aus, wenn wir das Geld reparieren würden?

Bitcoin ist exponentielle Freiheit.

Wie sähe die Welt aus, wenn wir das Geld reparieren würden?

EVOLUTION OF MONEY

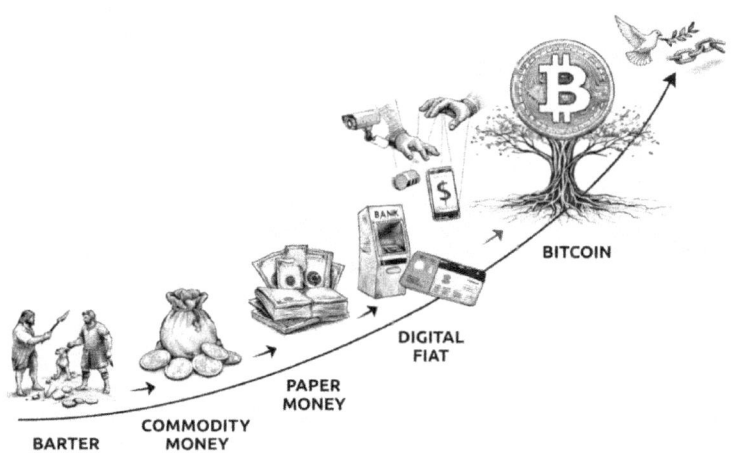

„The Times 03/Jan/2009 Finanzminister am Rande der zweiten Rettungsaktion für Banken..."

₿

Danksagungen

Ich möchte meinen beiden Eltern, Andrew und Barbara, dafür danken, dass sie mich mein ganzes Leben lang unterstützt und mir immer wieder Liebe und Unterstützung gegeben haben.

Ich möchte mich bei meinem verstorbenen Großvater Roy dafür bedanken, dass er mir die Qualitäten der Freundlichkeit und Großzügigkeit vorgelebt hat.

Ich möchte meiner Freundin Emma dafür danken, dass sie mein Leben mit unersetzlicher Freude erfüllt und mich motiviert, mein Leben in vollen Zügen zu genießen.

Ein zweites Dankeschön geht an Emma für die Gestaltung des Umschlags dieses Buches.

Ich möchte auch all den kritischen Denkern da draußen danken. Den Menschen, die sich nicht damit zufrieden geben, ihre Gedanken an der Tür der allgemein akzeptierten Normen zu lassen. Steve Jobs bezeichnete Sie alle als *„die runden Stifte in den eckigen Löchern"*. Ihr verändert die Dinge wirklich.

Apropos, ich möchte auch den „Cypherpunks" und Satoshi Nakamoto, wer auch immer sie sind, dafür danken, dass sie der Menschheit eine Chance zum Ausstieg gegeben haben.

Abschließend möchte ich mich bei allen meinen Lesern bedanken. Ich hoffe aufrichtig, dass Sie ein klareres Verständnis davon haben, was Geld ist und warum,

Bitcoin das repariert.

Empfohlene weiterführende Literatur

Theorie des Geldes und der Umlaufmittel -
Ludwig von Mises

Trotzdem Ja zum Leben sagen -
Viktor E. Frankl

Amerikas große Depression -
Murray Rothbard

Danksagungen

„Wir können einem Kind, das Angst vor der Dunkelheit hat, leicht verzeihen, aber die wahre Tragödie des Lebens ist, wenn die Menschen Angst vor dem Licht haben."

Platon über Bitcoin.

Danksagungen

₿

Autor

Jake Leary ist ein ehemaliger englischer Amateurboxmeister im leichten Mittelgewicht.

Er gründete und baute 2012 ein E-Commerce-Unternehmen auf, das zum Zeitpunkt der Erstellung dieses Buchs immer noch in Betrieb ist.

Im Jahr 2017 entdeckte er seine Leidenschaft für die Sicherheitsanalyse, und seit 2020 beschäftigt er sich mit der Geschichte des Geldes, der österreichischen Schule der Nationalökonomie, dem Zentralbankwesen und natürlich mit Bitcoin. Er wechselt nun von der Welt des Online-Handels zur Vollzeit-Vermögensverwaltung und hilft natürlich dabei, das Geld zu reparieren.

X: @JakeLearyInvest

YouTube: @JakeLearyInvest

SubStack: jakeinvest.substack.com

Übersetzer

Simon Satoshi fühlte, dass es seine moralische Verpflichtung war, einen Teil dazu beizutragen, die Menschen über die Grundsätze eines unabhängigen und harten Geldes aufzuklären. Er möchte den Menschen helfen, darüber nachzudenken, warum wir eine in Code verewigte, fixe Geldmenge benötigen, die kontrolliert über PoW geschaffen wird.

Zu finden auf Twitter unter @Sinautoshi_8_21 und

europeanBitcoiners.com/author/sinautoshi

V4V: SimonSatoshi@ln.tips
Ethicalhalibut38@walletofsatoshi.com

Danksagungen

Lektor

DerGeier

Nur ein gewöhnlicher Pleb der in den Kaninchenbau fällt

#Bitcoinsimplyis

Zu finden auf Twitter unter @DerGeier21

V4V: dergeier21@ln.tips

www.ingramcontent.com/pod-product-compliance
Lightning Source LLC
Chambersburg PA
CBHW071406210526
45465CB00001B/279